Über das Buch:

Aus mittlerweile über 1200 Veröffentlichungen eine kleine Auswahl, die unser Leben mit Humor erleichtern soll. Reime und Kurzgeschichten aus dem Leben eines Rentners, die uns die Sorgen des Alltags vergessen lassen. Nichts Aufregendes, aber Dinge, die Leserinnen und Leser in ihrem eigenen Leben sicherlich wiederfinden...oder manchmal auch nicht!

Über den Autor:

Gerolf Haubenreißer, 1944 in Peine geboren, ist als „Unruheständler" freier Mitarbeiter der Peiner Allgemeinen Zeitung, wo seine satirische Kolumne „Haubenreißers Verse" zu lokalen Ereignissen erscheint.

Weitere Untaten:

Im gleichen Verlag erschienen bisher **"Mühlenstraße 12"** und die Fortsetzung **"Neues aus der Mühlenstraße"** als liebevolle Rückblicke auf eine Kindheit zwischen Huckepott, Tütenlampen und Konrad Adenauer.
Außerdem **"Gebrauchte Verse oder Verse, die keiner braucht"**. Eine satirische „Lebenshilfe" in Versen zu den kleinen Tücken des Alltags. **"Lass krachen, Alter!"** ist ein humorvoller Männer-Ratgeber für ein Leben mit der Rente.

Gerolf Haubenreißer

Gereimtes Und Ungereimtes

Bibliografische Information der Deutschen National-
bibliothek:
Die Deutsche Nationalbibliothek verzeichnet diese
Publikation in der Deutschen Nationalbibliografie;
detaillierte bibliografische Daten sind im Internet
über http://dnb.dnb.de abrufbar.

© 2016 Gerolf Haubenreißer
Buch und Umschlaggestaltung: Dagmar Meiborg
Herstellung und Verlag: BoD – Books on Demand,
Norderstedt
ISBN: 978-3-7431-0595-9

Inhaltsverzeichnis

GEREIMTES	9
Vogelfutter	10
Der Held des Tages	11
River Kwai	13
„Danke!"	15
Kieselsteine	16
Vatertag	18
Straßenmusikanten	19
Frohe Ostern!	21
Eiersuchen	22
Traumhaft	23
Die Krücke	25
Wo sind die Wespen??	26
Die Luft ist raus…	28
Giersch	29
Telgter Geschichten	30
Kurschatten	32
"Katzeklo"	33
"Rollig"	34
Das Foto	36
Mal wieder durchgespült!	37
Fütterung, Geranien und ein Thermometer	39
„Hallo Hase!"	40
Strohwitwer	42
Abgestürzt!	44
„Hier ist Helmut!"	46
Gips	47
Jetzt geht's lo-oos!	49
Endlich wieder Bundesliga!	51
"PE -WC 96"	52
Fußball – Zweisamkeit	53
Frauenpower	55
Wischiwaschi	57
Kling Glöckchen, klingelingeling	58
„Wart´ mal ´ne Sekunde!"	60

Problembrötchen	62
Mettbrötchen	64
Umgeräumt!	65
Wasabi	67
Umtausch	68
"Alte" Fotos	69
Dr. Sommer	70
"Senioren-crash"	72
"Einbruchsicher"	73
Gerade schlecht...	75
Ärger	76
Knoblauch in der Flasche	78
Handy Anno 1960	79
Huckepott	81
Bußgeld	82
Paketdienst	84
Blitze	86
„Seiiiiitenbacher!"	87
Kunststoffsäcke...	89
Ein Markt, Wind und ein paar Tüten...	90
Fluch der Technik	93
Technik	94
„ I – Phone"	96
Internet-Späße	97
„Schnäppchen"	99
Alles Käse!	100
Gesprächsbedarf	102
Pokemon Go	104
"Oberschüler"	105
Garantie	106
Fingergymnastik	108
Brillenprobleme	109
Sommerabend	110
„Nutella...oder was?"	112
Vermehrung	114
Fensterputzen und Sonnenfinsternis	116
Grundgebühr	118
Es weihnachtet sehr	119

Schimanski´s Jacke	120
Ein Zelt im Baum	122
Den Ameisen auf der Spur	123
Mistwetter!	125
„Sale!"	127
"Einheitsgedanken"	128
Zeitumstellung	130
Die Blaskapelle	132
Weggeblasen	133
„Jo mei..."	134
Matten – Ehren	136
Halloween	137
"Frühschwimmer"	139
Hobbymärkte	140
Laternenlieder	143
Tattoo´s	144
Sex	146
Der Igel	148
Mogelpackungen	149
Es weihnachtet...	151
Schnee	152
Die weiße Pracht	154
Energieberatung	155
Advent, Advent...	157
Unser Weihnachtsmarkt	158
Gruß aus Australien!	160
Es weihnachtet ziemlich...	162
Alle Jahre wieder...	163
Weiße Weihnacht?	165
Schneeschieben	167
Grippe	168
Silvesterwünsche	169
...UND	171
UNGEREIMTES	171
Peine bricht...	172
Matten-Ehren!	174
Nur für den Übergang...	176
Nachbarschaft	178

Wonnemonat Mai? 181
Summertime oder Sommerzeit? 185
Wo ist Ale???? 187
Die Telefonzelle 189
Die Familienkarte 191
Übersinnlich? 193
Ein dicker Brocken... 195
Sehnsucht...oder was? 197
Disco-Signale 199
Ein einfach unglaublicher Absturz 201
Erntezeit... 203
Ein schöner, schlanker Hals... 205

GEREIMTES...

Vogelfutter

Den Vögeln hilft man unbenommen,
dass sie durch den „Winter" kommen.
Bei uns hängt da, trotz aller Last,
das Vogelhäuschen frei am Ast.
Von oben füllt man allgemein
durch das Dach das Futter ein
und unten kommt als Vogelschmaus
das aus 4 Löchern wieder raus.

Die Vogeltruppe wendet dann
auch eine tolle Technik an
und es hat sich da zuletzt
ein prima „Teamwork" durchgesetzt:
So „latscht" oben dann deswegen
die dicke Taube kurz dagegen
und unten pickt dann im Verlauf
der Rest der Truppe alles auf.

Doch neulich schien, laut sei´s geklagt
mein Vogelhaus nicht mehr gefragt.
Das konnte doch nur daran liegen,
dass sie noch was Besseres kriegen!
Füttert da die Nachbarschaft
etwa teures „Vitakraft"?
Vielleicht ist die Vogelwelt
„diätmäßig" neu eingestellt
und es stimmt beim Korngericht
in meinem Haus der Brennwert nicht
oder hat da, im Vertrauen,
das „Teamwork" nicht mehr hingehauen?

Da fällt nun dem Futterspender
der Blick noch kurz auf den Kalender
Danach ist nun schon seit Wochen
hier der Frühling ausgebrochen.
Die Amseln haben mir gezielt
schon die Beete umgewühlt.
Die Spatzen schei.... liebestoll
auf dem Dach die Rinne voll.
Sollte das, ganz allgemein,
endlich doch der Frühling sein?!

Der Held des Tages

Tiere, die verschönern eben
doch so manches Rentnerleben.
Wir haben da zwei Katzen und
dazu noch einen lieben Hund.

Die Katzen halten im Verlauf
sich meistens in der Wohnung auf.
So ist der Garten nicht zuletzt
mit Vogelnestern voll besetzt,
was im Frühling ungeniert
zu reichlicher Vermehrung führt.

Spatzen treiben´s offenbar
aber wohl das ganze Jahr,
denn man hatte ungezwungen
im August die letzte Jungen.
Das hat nun, weil es gefällt,
auch meine Liebste festgestellt.

Im Esszimmer, da hat es eben
einen Höllenlärm gegeben,
als ob da laut, weil es pressiert,
ein Vogelschwarm da randaliert.

Allerdings war so deswegen
nur ein junger Spatz zugegen,
der auf dem Esstisch offenbar
lauthals wohl am Schimpfen war.

Vor dem Tisch, mit leeren Tatzen,
saßen sprachlos die zwei Katzen
und sie schienen zu dem Zweck
nun auch völlig starr vor Schreck.

Dieser Zustand, jede Wette,
nicht lange angehalten hätte.
Die Liebste nahm voll Sachverstand
das Spatzenkind in ihre Hand.

Das kuschelte sich auch sodann
dankbar für die Rettung an
und wurde dann zu guter Letzt
in den Eiben ausgesetzt.

In den Büschen blieb´s darum
nach dem Geschehen zunächst stumm,
doch am Abend hob sodann
ein kerniges Gezwitscher an.

Wahrscheinlich gab der Kleine dann
mit seiner Heldentat noch an,
wie er es da noch, in der Tat,
dem Katzenvolk gegeben hat.

Stolz reckte er, man muss ihn loben,
den „Stinkeflügel" steil nach oben.

Neulich saß da, locker, frisch,
ein kleiner Spatz am Frühstückstisch.
Die Liebste sprach: „Da ist er wieder,
ich erkenn´ ihn am Gefieder!"

Kleine Helden, wie ich meine,
sind oft die Größten hier in Peine...

River Kwai

Der Garten in der Frühjahrsphase
ist eine Naturoase,
wo bei uns in dichten Hecken
Amselnester sich verstecken.

Nun ist es wieder mal soweit,
es beginnt die Paarungszeit,
wo Männchen auf den Dächern hocken
und mit Gesang zur Paarung locken.

Ist das Weibchen dann besprungen,
wird ab sofort nicht mehr gesungen...
So erkennt man doch beizeiten
da ein paar Gemeinsamkeiten.

Doch zurzeit hört immer wieder
man die schönsten Liebeslieder.

Einer hat da im Verlauf
sogar den River Kwai Marsch drauf,
den Mitch Miller als Begriff
schon anno 54 pfiff,
wobei den „Text" man, in der Tat,
später erst gesungen hat:
„Schade, Soraya kriegt kein Kind,
schade, dass wir nicht bei ihr sind!"

Da fragt man sich dazu folgenschwer,
wo hat das Vieh den Marsch bloß her?
Ich weiß nun, dass ich alter Knabe
ihn in der Oldie-Sammlung habe,
doch habe ich den nun gezielt
seit Jahren da nicht mehr gespielt...

Wie alt kann dabei hier auf Erden
so ein Amselmännchen werden?
Sollten wir, fällt mir da ein
vielleicht der gleiche Jahrgang sein?
Ist die Amsel da am Ende
mittlerweile schon in Rente?

Doch singt man dann noch immer wieder
auf dem Dache Liebeslieder
und wie sollte es gelingen,
dann noch ein Weibchen zu bespringen?

Der River Kwai wird bei dem Treiben
wohl ewig ein Geheimnis bleiben.
Schon hört man ihn, nicht zu begreifen,
mal wieder diesen Oldie pfeifen
und ich pfeife diesen Hit
ganz in Gedanken kräftig mit...

„Danke!"
So ein Garten ist an sich
der Erholung förderlich,
besonders wenn man dann und wann
auf der Liege ruhen kann.
Hin und wieder unterhält
uns mit Gesang die Vogelwelt.

Das Amselmännchen lockt sodann
aus voller Brust das Weibchen an.
Sicherlich ist da sein Ziel
ein ausgedehntes Liebesspiel.
Da denkt man dann, wer will´s bestreiten,
selbst an „gute alte Zeiten"...

Nicht mehr lange, stellt man fest,
gibt es dann ein Amselnest,
wobei Unsereins zum Schluss
die Brut auch noch beschützen muss,
denn im Garten sind zudem
fremde Katzen ein Problem.

So zieht man also im Verlauf
die Amselbrut auch noch mit auf
und spart als „Vater oder Mutter"
im Winter nicht am Vogelfutter.

Ein Ständchen ist, kurz nachgedacht,
als Dank dafür auch angebracht.
So denk ich noch, und ungelogen,
ist dann der Vogel losgeflogen.

Mein Blick geht daher jetzt nach oben,
die Flugtechnik ist sehr zu loben,
bis mich plötzlich, locker – leicht,
ein Regentropfen scheint´s erreicht.
Allerdings hat zu dem Zweck
das T-Shirt einen weißen Fleck
und so merkt man auch deswegen,
das war alles, nur kein Regen!

Der Vogel hat, wie wir jetzt wissen,
auf meine Sorgfaltspflicht gesch.....
und man erkennt als Rentner schon:
Undank ist der Welten Lohn!

Kieselsteine

Ein Garten soll zwar allgemein
auch was für das Auge sein,
doch in erster Linie nur
ist er für uns ein Stück Natur.

Vögel, die erfreuen gar
uns mit Gesang das ganze Jahr
und es hat die Federzunft
hier Nahrung, Platz und Unterkunft.

Stauden, Büsche und auch Bäume
erfüllen Vögeln alle Träume
und in dicht gepflanzten Hecken
lässt sich gut das Nest verstecken.
So ist unser Garten eben
ein stetes Nehmen und auch Geben.

Doch so mancher füllt sodann
denn Garten nun mit Steinen an.
Kiesel bis das Auge reicht,
denn sie sind sehr pflegeleicht.
So scheut man hier keine Kosten
für Mode aus dem fernen Osten.

Die Amseln schauen ganz entsetzt,
wie man dem Garten zugesetzt
und wie hier ziemlich unbegründet
der Lebensraum direkt verschwindet.
So schafft man damit nun, auf Ehre,
korrekte Friedhofsatmosphäre.

Zwischendurch pflanzt man noch dann
ein paar Mini-Bäumchen an.
Die Amsel soll voll Gottvertrauen
nun ihr Nest im Bonsai bauen.
Der Rest der Vögel kommt im Stück
aus dem Süden nun zurück.
Im Garten sind im schönen Peine
da aber nur noch Kieselsteine.

In diesem Garten kann dann eben
so ein Vogel nicht mehr leben,
doch man bietet dazu dann
sogar noch Vogeltränken an.
Daneben steht dann allgemein
ein Zwitscherpaar direkt aus Stein.
Man hat dem Vogel nun zuletzt
auch noch ein Denkmal hingesetzt...

Vatertag

Himmelfahrt besucht uns schon
auch mal gern ein Schwiegersohn.
Aus diesem Grunde stand hier dann
kurzfristig ein Hausputz an.
So wollte es nun immerhin
meine Lebenspartnerin
und sie drückte mir galant
einen Besen in die Hand:
„Kannste nicht mal schnell deswegen
mir helfen und den Flur durchfegen?"
Ach wie war´s doch wunderbar,
als man noch kein Vater war...

Am Vatertag sind, ungelogen,
wir Richtung Oedesse gezogen,
obwohl damals, sonnenklar,
noch keiner von uns Vater war.
Ein Elternpaar aus unserer Mitte
hatte da ´ne kleine Hütte.
Als einziger hab´ich indessen
da ein Moped schon besessen
und so lud ich im Verlauf
immer einen hinten drauf.
Der letzte war dann unbenommen
in Oedesse fast angekommen...

Spaghetti schmecken ungeheuer
frisch gekocht am off´nen Feuer.
Leider ist dann ungebeten
einer in den Topf getreten.
Die Nudeln packten wir im Stück
per Hand schnell in den Topf zurück.

Es knirschte nun, wie zu erwähnen,
der Sand auch kräftig in den Zähnen.
und so spülten wir dann hier
das mit ein paar Kisten Bier.
Ach wie war´s doch wunderbar,
als man noch kein Vater war...

Da holt in ungefegten Räumen
mich eine Stimme aus den Träumen:
„Biste fertig mit dem Saal
oder träumste wieder mal?"
So ändern sich, wer will´s bestreiten,
auch am „Vatertag" die Zeiten...

Straßenmusikanten...

Die ersten Sonnenstrahlen locken,
wozu dann zu Hause hocken?
So lädt uns nun allgemein
die City hier zum Bummeln ein.

Ab und zu, da hält man dann
zu einem kurzen Plausch mal an.
Man trifft Freunde und Bekannte,
ab und zu sogar Verwandte.

Schon wird dazu dann indessen
auch das erste Eis gegessen
und vom Rathaus, mit Gefühl,
tönt leicht schräg das Glockenspiel.
Dazu passt dann rechterhand
auch der Straßenmusikant.

Gern hört man hier als alter Fan
Cat Stevens, Dylan, Donovan
und man träumt, wer will´s bestreiten,
dabei von „guten alten Zeiten".
So erfreut uns hier doch sehr,
Gemütlichkeit und lockeres Flair....

Da fällt mir im Nachhinein
nun die Landeshauptstadt ein,
wo man als erklärtes Ziel
das gesetzlich regeln will.

Die Musik muss dann per Schein
demnächst erst genehmigt sein,
wobei der Künstler laut Beschluss
den Standort ständig wechseln muss.

Außerdem wird nicht zuletzt
Qualität vorausgesetzt
und man verlangt, zu diesen Zielen,
einer Jury vorzuspielen.
Vielleicht wird zu guter Letzt
da Dieter Bohlen eingesetzt.

So gibt es nichts mehr, was man dann
nicht bürokratisch regeln kann.
Bei uns in Peine wird es eben
solchen Blödsinn niemals geben.
„Nicht in Peine!" denk ich noch
.............oder doch??

Frohe Ostern!

Letzte Woche gingen wir
bei Tiefschnee nochmal vor die Tür,
denn es zeigte die Natur
bei Sonnenschein noch Winter pur.

So stellte sich dann allgemein
nochmal „Weihnachtsstimmung" ein,
bis der Hund dann analog
mächtig an der Leine zog:

Da turnten in Erotikphasen
doch tatsächlich schon zwei Hasen.
Im Januar, weiß ich genau,
gehören die noch in den Bau!
So konnten das wohl allgemein
auch nur „falsche Hasen" sein
oder hat sich da zuletzt
der Osterhase leicht verschätzt?

Schließlich gibt´s zu Osterfeier
bei Aldi schon die ersten Eier
und 10 Wochen vorher grasen
da nun schon die Osterhasen.

Neulich gab es da für Kenner
zum halben Preis noch Weihnachtsmänner.
Vielleicht gelang es dazu eben
die zum Hasen umzukleben.
Schließlich hat die Euronorm
für beide da die gleiche Form.
Also Leute, habt Geduld...
der Aldi ist an allem Schuld!

Eiersuchen

Ostern freute man nicht minder
sich auch auf die Enkelkinder,
wobei wir dann zu diesen Zwecken
Ostereier auch verstecken,
die die „Teenies", dann beflissen,
da im Garten suchen müssen.

Das lag diesmal immerhin
durch den Neuschnee nicht mehr drin
und so hielt man im Verlauf
sich lieber an der Heizung auf.
Man hatte nun auch mit Bedacht
dem Opa etwas mitgebracht
und ich erhielt zu dieser Feier
24 Schokoeier
mit Papier, das passt ins Bild,
als Gladbach-Fußball eingehüllt.

Man hatte sich zu dem Geschehen
nun auch länger nicht gesehen
und so war, nicht zu verhehlen,
eine Menge zu erzählen,
wobei den Enkel, wundersam,
wohl Langeweile überkam.
So hat er, wie man bald entdeckt,
die Eier dann im Haus versteckt
und Opa sucht seit dieser Feier
im ganzen Haus die Gladbach-Eier.

Eines hat da unumwunden
nun auch schon der Hund gefunden.

Mit einem haben hier gezielt
die beiden Katzen rumgespielt.
Eines habe ich indessen
auf dem Sofa platt gesessen.
Eines schmolz zu diesem Zweck
inzwischen auf der Heizung weg.
In meinem Stiefel hab´ verzückt
ich eines mit dem Zeh zerdrückt
und eines habe ich deswegen
in meinem Bett nun platt gelegen.

Inzwischen hat man unumwunden
15 Eier auch gefunden
doch der Rest, wie ihr nun wisst,
gilt seitdem wohl als vermisst.
Der Knabe war nun auch deswegen
zu keiner Auskunft zu bewegen,
doch ich werd´ aus diesen Gründen
sie mit den Jahren alle finden...

Traumhaft...
Bei diesem schönen Wetter starten
wir die Freisaison im Garten,
wozu man auch schon dann und wann
in der Sonne liegen kann.

Man unterhält sich so zum Spaß
auch mal über dies und das
wobei Werbung offenbar
plötzlich auch ein Thema war,
wo eine Dame, rund und fest,
auf einer Bank sich niederlässt

und aus gutem Grund bestimmt
einen „Longdrink" zu sich nimmt.
Danach steht sie im Verlauf
leicht beschwingt auch wieder auf
und nimmt dabei auch noch knapp
30 Kilo plötzlich ab.

„So ein Schwachsinn", spricht genau
dazu meine liebe Frau,
„obwohl...mal eben so zu Spaß...
vielleicht hilft das ja wirklich was?"

Ich muss danach nun auch ein
wenig eingeschlafen sein.
Ich träumte, dass da wundersam
die Liebste dieses Mittel nahm
um danach auch gleich, soeben
fast als Gerippe zu entschweben.

Klar ist es, dass ich alter Knabe
es gerne „etwas runder" habe
und so durchfuhr zu diesem Zweck
mich nun auch ein Riesenschreck:
Was soll ich da zum Zeitvertreib
mit diesem dürren Modeweib.
Da kommt sicher auch nach Wochen
nichts Rundes auf die dürren Knochen.

Zum Glück weckt mich nun im Verlauf
die Stimme meiner Liebsten auf:
„Die viele Frühjahrssonne schadet,
du bist ja schon schweißgebadet!"
Ich sehe meine Liebste an:
Zum Glück ist da noch „alles dran"!!!

Die Krücke

Der Frühling lockt, so soll es sein
uns abends zum Spaziergang ein.
Unser Bürgersteig, man stutzt,
wird dann von Radlern oft benutzt,
die scheinbar Rennen da bestreiten,
wie Altig in den besten Zeiten.

Froh gestimmt, da gingen wir
nun mit dem Hund noch vor die Tür.
So ein Radler, jung an Jahren,
hat uns dann fast umgefahren.
Meine Liebste sprang zum Glück
zwei Meter fast im Flug zurück.

Als alter Torwart taucht´ ich knapp
seitwärts schräg nach unten ab.
Nur der Hund, er hatte eben
einen kleinen Schock fürs Leben.

Natürlich hab´ von Zorn erfüllt,
ich den Knaben angebrüllt.
Mein Geschrei hat er gehört,
warum er auf dem Fußweg fährt?
Äußerst kurz war sein Bericht:
„Siehste doch, mein Licht brennt nicht!"
Dazu hob er noch zum Schluss
selbstbewusst die Hand zum Gruß,
wobei er, wie ich gleich entdeckte,
den Mittelfinger aufwärts streckte.

Rücksichtnahme, was betrüblich,
ist wohl heute nicht mehr üblich
und so hilft in diesem Falle
hier nur noch die „Radlerkralle".
So werde ich mir nun beizeiten
Opas Krückstock umarbeiten,
Also Radler, meidet die
Telgter Laubenkolonie,
denn da lauert voller Tücke
Haubenreißer mir der Krücke!

Doch Selbstjustiz, man sieht es ein,
kann auch keine Lösung sein.
Vielleicht lässt sich doch noch an ihren
Restverstand hier appellieren.

Wo sind die Wespen??

Mallorca soll wohl allgemein
der Ferienort der Peiner sein,
doch, wie nicht anders zu erwarten,
sind wir gern daheim im Garten.
Hier hat man noch Erholung pur
und es erfreut uns die Natur.

Beim Frühstück kriegen da vorab
sogar die Spatzen etwas ab
und so ist man ungetrübt
bei der Tierwelt sehr beliebt...
Doch irgendwas ist offenbar
beim Frühstück nicht wie letztes Jahr.
Soviel Ruhe hat es eben
doch hier sonst noch nie gegeben.

Zuviel Ruhe tut nicht gut...
Klar, es fehlt die Wespenbrut,
die uns sonst, auch in der Stadt,
bestens unterhalten hat.

Es fehlt, und das ist ziemlich schade,
die Wespe auf der Marmelade.
Ob allein, zu dritt, ob sieben,
wo sind die Tierchen nur geblieben?

Nie kam da sonst im Verlauf
beim Frühstück Langeweile auf
und man konnte sich deswegen
beim Frühstück noch gezielt bewegen,
denn sie haben uns gepflegt
zur Gymnastik angeregt.

Die Unterhaltung war Gewinn,
wo sind die lieben Tierchen hin?
Haben wir, kurz nachgedacht,
irgendetwas falsch gemacht?
Wo haben sie sich nur versteckt?
Was hat die Tierchen so verschreckt?

Der Schalke Fan, leicht zu begreifen,
hat was gegen gelbe Streifen.
Als Gladbach Fan ist allemal
mir schwarz-gelb doch ganz egal,,,

Also Wespen, wir erwarten
euch demnächst bei uns im Garten.
Der erste Stich ist dann dabei
wie immer auch gebührenfrei.

Die Luft ist raus...

So ein Gummi-Swimmingpool
ist doch ganz besonders cool,
obwohl bei uns die Dinger eben
meist die Saison nicht überleben.

Ich stellte diesmal im Verlauf
nochmal den Pool vom Vorjahr auf
und er war, man glaubt es nicht,
„obenrum" da noch fast dicht.

Der dicke Luftring sollt´ sich eben
vom Wasser ganz allein erheben,
doch sehr schlapp war´n nun am Ende
leider wohl die Außenwände.

So ging der Pool, was mich nicht freute,
statt in die Höhe in die Breite
und lag in den letzten Phasen
als schlapper Puffer auf dem Rasen.

Das habe ich nun, weil es eilt,
meiner Liebsten mitgeteilt.
Ihr Kommentar dazu hat eben
mir dann noch den Rest gegeben:

„Das kann man als schlechtes Zeichen
sicherlich mit uns vergleichen.
Die Luft ist raus, man schlafft da knapp
ein Jahr später ziemlich ab.

Man ist bald, man glaubt es nicht,
an manchen Stellen nicht ganz dicht

und verliert doch ganz enorm
an Gestalt und auch an Form
und ist dazu offenbar
nicht mehr so „standfest", wie man war."
Der Kommentar hat mich erschüttert
und so hab´ ich leicht verbittert
mir am nächsten Tag gepflegt
einen „Neuen" zugelegt.
Ich hoffe. dass für gutes Geld
der nun etwas länger hält...

Giersch

Froh ist man hier in der Stadt,
wenn man einen Garten hat
denn es spendet die Natur
Ruhe und Entspannung pur.
Allerdings ist nicht zuletzt
vor die Freizeit Schweiß gesetzt
und im Frühjahr steht hier dann
erst die Gartenarbeit an.

Pünktlich ist da auf die Schnelle
auch das Unkraut schon zur Stelle.
Das Dreiblatt ist nun hier im Land
den Gärtnern auch als Giersch bekannt,
dessen Wurzeln dazu neigen,
sich auch kräftig zu verzweigen.
So wächst der Giersch auch wunderbar
an Stellen, wo er noch nie war
und wird daher, ohne Frage,
dem Kleingärtner zur echten Plage.

Im Gartenhandel bietet an
dagegen ein paar Mittel an,
doch ich habe da deswegen
bei Chemie etwas dagegen
und als Folge davon blieb
halt weiterhin der Handbetrieb.

Auf diese Weise hab´ ich nun
in meinem Garten „satt" zu tun.
Bei „satt" fällt mir im Nachhinein
zum Giersch da noch was anderes ein,
denn er soll zu diesen Zwecken
als Salat vorzüglich schmecken...

Also biete ich dabei
natürlich völlig kostenfrei
für Jedermann, aus freien Stücken,
hier den Giersch...zum Selberpflücken!

Telgter Geschichten

Es ist so, dass ich alter Knabe
schon 6 Enkelkinder habe.
Leider wohnt man zu dem Zweck
entfernungsmäßig sehr weit weg
und Opa freut sich, wenn er dann
von Telgte was erzählen kann:

„Einst hat es in Telgte eben
mal die Elmeg noch gegeben
und man war hier im Verlauf
elektromäßig sehr gut drauf.

Auch Telgter Schuhe war´n im Land
früher einmal sehr bekannt
und es gab ganz nebenbei
sogar eine Ziegelei.
Selbst die Post war hier deswegen
in Telgte früher noch zugegen
und es war, wie dem auch sei,
sogar die Sparkasse dabei.
Alles das hat mit Bedacht
man inzwischen dicht gemacht."

„Opa, sag uns, wozu hat
man am Ortseingang das Rad?"
„Das war einmal, kurz nachgedacht,
auf dem Förderturm vom Schacht ,
wo man früher, in der Tat,
mal Eisenerz gefördert hat."

„Und wozu dient nun dabei eben
das kleine Glashaus rechts daneben?
Sperrte man da allgemein
früher mal die Raucher ein?"
„Nein mein Kind, das ist nun schon
seit Jahren hier die Attraktion,
weil man mit dem Kasten dann
richtig telefonieren kann.
Dazu nutzt man dabei nur
den Hörer dort an jener Schnur!
Sowas gibt es, wie ich meine,
sonst auch nirgends mehr in Peine.
So machte hier der Fortschritt bald
auch vor Telgte nicht mehr Halt."
„Mensch Opa, was ein edles Teil,
ich finde Telgte affengeil!"

Kurschatten

Erholung und Entspannung pur
bietet oftmals eine Kur.
Nur der Partner bleibt in Peine
leicht gefrustet dann alleine.

Doch egal, was auch geschah,
meine Frau ist wieder da
und sie brachte da als Hit
ihren Kurschatten gleich mit.
Den lernte sie, um´s mal zu nennen,
dort „spaziergangmäßig" kennen
und man verliebte sich am Ort
augenscheinlich auch sofort.
Man stellte fest, dass offenbar
der Gute abgemagert war
und ihm da, wie sie erzählt,
wohl auch ein zu Hause fehlt.

Der Kurschatten ist, ungelogen,
nun auch bei uns eingezogen
und im weiteren Verlauf
päppeln wir ihn wieder auf,
so dass das Kätzchen sich gezielt
inzwischen wie zu Hause fühlt.
So hat es seit ein paar Tagen
hier im Hause auch das Sagen.

Leider wohnen aber hier
Hund und Katze schon bei mir
und so gab es da beizeiten
doch gewisse Streitigkeiten,
was bei den Katzen dazu führte,

dass man das Revier „markierte".
Die Grenze führte, gar nicht nett,
direkt durch unser Ehebett,
wo die Markierung, in der Tat,
mich doch echt geärgert hat.
Doch als Tierfreund muss man eben
auch mit diesen Dingen leben.

Von Kurschatten hat unbenommen
man ganz anderes schon vernommen,
doch eines fällt mir auf als Peiner:
In´s Bett gemacht hat sonst noch keiner....

"Katzeklo"

Unsere Hündin nahm sie dann
ersatzmäßig als Mutter an
und so wurde manche Nacht
im Hundekorb nun zugebracht.
Hin und wieder, im Verlauf,
mischt sie die alte Katze auf,
die nun plötzlich, in der Tat,
etwas mehr Bewegung hat.

So hat sie seit ein paar Tagen
hier bei uns nun auch das Sagen
und es bleibt endlich hier im Haus
sogar das Fernsehen manchmal aus.
Bei drei Tieren fällt nun dann
natürlich etwas Arbeit an.
Diese wurde, weil es eilt,
gemäß dem Stande aufgeteilt:

Als Büchsenöffner, immerhin,
fungiert die Lebenspartnerin
und ich wurde ohne Geld
als Klomann da neu eingestellt.
Zweimal am Tage denk´ ich so
an Helge Schneiders „Katzeklo".
Mit dem Sieb muss man mit Fluchen
nun im Sand nach „Nuggets" suchen.
So ist man einst wohl unbefangen
auch in Alaska vorgegangen.

Sylvester hat man unverdrossen
nach alter Sitte Blei gegossen.
Ähnliches bleibt da im Stück
nun auf dem Katzensieb zurück.
Gestern hab ich ungeübt
da ein kleines Herz „gesiebt"....

"Rollig"

Pflichtbewusst ist, wie man ahnt,
nun das Kastrieren eingeplant,
doch dazu muss, man sieht es ein,
das Kätzchen erstmal „rollig" sein.

Neulich abends sah sie dann
mich mit gelben Augen an
und schlug danach, man glaubt es kaum,
direkt dreimal Purzelbaum.
Nach einer Schraube schloss sich dann
ein gekonnter Flic - flac an
und im Salto kam galant

sie dann direkt in den Stand.
Schnurrend hat sie, nicht zu fassen,
den Raum dann im Galopp verlassen
und pinkelte, was gar nicht nett,
im Schlafzimmer dann in mein Bett.
Der Schlafanzug hat unbenommen
dabei auch was abbekommen.

Beim Fernsehen, so sieht es aus,
zieh ich gern meine Socken aus
und lasse sie, sonst müsst' ich lügen,
oft direkt vor dem Sofa liegen.
Das Kätzchen hat sie dann verzückt
abends auch gleich mit „beglückt"
und es zog in dieser Phase
der Geruch streng durch die Nase.

In meiner Not rief ich nun dann
die Tierärztin deswegen an:
„Offenbar, so sieht es aus,
sind Sie wohl der Mann im Haus.
Darauf ist nun, weil's pressiert,
Ihre Katze voll fixiert
und Ihre Socken, zu dem Zweck,
räumen Sie am besten weg!"

Gott sei Dank, wie dem auch sei,
ist diese Phase nun vorbei
und so liegt man abends spät
entspannt vor dem TV – Gerät.
Mit der Hand strich ich genau
nun den Rücken meiner Frau
und die Gute fing sodann
behaglich auch zu schnurren an.

Soll es die Symptome eben
etwa auch bei Menschen geben?
Vorsichtshalber, siehe oben,
hab´ ich die Socken aufgehoben...
Ach man hat´s in dieser Zeit
schwer oft mit der Weiblichkeit!

Das Foto

Als Opa freut uns doch nicht minder
ein Besuch der Enkelkinder
und den Kleinen bietet man
„ferienmäßig" auch was an.

So war hier, wie man schon ahnt,
ein Freizeitpark voll eingeplant,
wobei ich da als alte Knabe
den Eintritt erst verglichen habe.
Hier sind nun, sonst müsst´ ich lügen,
die Preise mächtig angestiegen,
so dass man sich als Rentner dann
so etwas nicht leisten kann.

Das meinte dann auch immerhin
meine Lebenspartnerin
und so fuhren wir dann beide
mit den Kindern in die Heide.
Ohne Freizeitpark ging´s pur
einfach nur in die Natur.
Auch ohne Park, wie dem auch sei,
hatten wir viel Spaß dabei
und der Hund war dabei schon
die beste Freizeitattraktion.

Allerdings war, wie´s beliebt,
der Spaß für mich nicht ungetrübt.
Schon auf der Hinfahrt, wie gedacht,
wurd´ gealbert und gelacht.
Natürlich plant, so soll es sein,
man da auch ein paar Fotos ein
und meine „Liebste" sprach bescheiden:
„Es gibt kaum Fotos von uns beiden!"

Das ging nun in voller Pracht
aber schneller, als gedacht.
In dem Moment hat man gewitzt
bei Blumenhagen uns geblitzt.
Zwar ist der Kasten hier im Land
allen Peinern wohlbekannt,
doch war ich hier wohl, wie man denkt,
durch die Kinder abgelenkt.
Als Trost bleibt da, dass man zuletzt
die Gelder sinnvoll eingesetzt.
So ging ein Beitrag da indessen
an das Schüler – Mensaessen
oder zahlen wir nun schon
Thilo Sarrazin´s Pension?

Mal wieder durchgespült!

Als Rentner muss man, jede Wette,
hin und wieder zur Toilette,
wozu man sich dann, nicht zuletzt,
pflichtbewusst auch darauf setzt.

Das hat man hier, weil es pressiert,
vor vielen Jahren eingeführt,
denn um der Sauberkeit zu nützen,
pinkelt man gepflegt im Sitzen.
Sowas zeugt dann auch genau
meist von einer „starken" Frau...

So dacht´ ich noch, als wundersam
von unten nun ein Gurgeln kam.
Dieses Gurgeln, wie ein Tier,
war ganz plötzlich unter mir
und es kam mit vollem Drall
von unten dann ein Wasserfall.

So funktioniert, wie ich nun seh´,
für die Damen ein Bidet
und es durchfuhr zu diesem Zweck
mich kaltes Wasser und der Schreck.

Ich sprang nun auch im Verlauf
blitzschnell von der Toilette auf
und ich musste mich deswegen
danach erstmal trockenlegen.

Sollte das im Nachhinein
noch ein Cold Water Challenge sein?
Nein, es wurde nur gezielt
der Kanal mal durchgespült.

Es spülte da mit vollem Schwung
unsere Stadtentwässerung.
Können die nicht dazu ihren
Druck mal besser regulieren?

Als braver Bürger sieht man´s ein,
was da sein muss, muss wohl sein,
doch ein Bidet brauch´ ich mitnichten.
Darauf kann ich gern verzichten!

Fütterung, Geranien und ein Thermometer

Hin und wieder lässt in Peine
man den Rentner mal alleine,
wenn es, was nicht oft geschieht,
die Liebste in die Heimat zieht.

Mir wird dann in jenen Tagen
auch ab und zu was aufgetragen.
Doch sowas kann mich nicht erschüttern,
täglich Hund und Katzen füttern,
Geranien nach draußen bringen,
sowas sollte doch gelingen.

„Danach bring´ste aber dann
noch das Thermometer an!"
Leider hielt ich allgemein
nicht die Reihenfolge ein...

Hungrig strichen hier in Peine
mir Hund und Katzen um die Beine.
Das Thermometer wollt´ ich eben
vorher an die Scheibe kleben,
wozu ich aber das bewusste
Fenster etwas kippen musste,
wobei nun auch die wundersamen
Geranien in Bewegung kamen,
wodurch nun schneller als man dachte,
der Kasten auf den Teppich krachte.

Das ließ sofort die Katzen starten,
denn es roch nun frisch nach Garten
und so schnüffelten darum
Hund und Katzen darin rum,
was ich als pflichtbewusster Knabe
aber unterbunden habe.

Das Viehzeug hatte, nicht zu fassen,
nun reichlich Spuren hinterlassen.
Auf dem Teppichboden boten
sich Hunde - und auch Katzenpfoten.

Die Geranien pflanzte fein
ich wieder in den Kasten ein
und mit dem Teppich hatt´ ich nun
bis zum Abend was zu tun.

Es gelang mir, bis zum Morgen
dann noch den Tierpark zu versorgen,
doch leider fiel dann kurz und knapp
das Thermometer wieder ab...
Die Folge war dann, glaubt es mir,
ein gut gekühltes Weizenbier!

„Hallo Hase!"

Neulich ließ im schönen Peine
man mich wieder mal alleine.
In Tschechien war voll Vertrauen
da die beste aller Frauen.
Endlich kann man ohne Mucken
den ganzen Sonntag Fußball gucken.

So war es, länger als gedacht,
eine lange Fußballnacht.

Daher stand ich im Verlauf
am Montag erst um Elf Uhr auf.
Ich habe mich, das ist bekannt,
im Spiegel auch nicht gleich erkannt,
denn es war, versteht mich recht,
das sechste Weizenbier wohl schlecht.

Die Katzen hatten da indessen
den Rest von meinen Chips gefressen
wozu sie nun auch noch vor ihren
leeren Schüsseln protestieren.
Der Hund stand dazu, glaubt es mir,
mit feuchten Augen an der Tür.
In der Wohnung schien vor Tagen
eine Granate eingeschlagen...

In dem Moment, man ahnt es schon,
klingelte das Telefon:
„Hallo Hase, es ist spät,
ich wollt´ nur fragen, wie´s euch geht!"
„Uns geht´s gut, wir sind gesund!
Ich komme eben mit dem Hund
vom Spaziergang wieder rein.
Die Wohnung blitzt, so soll es sein!
Luna und Kitty lassen grüßen,
sie schnurren satt vor meinen Füßen.
Also, mach dir keine Sorgen,
alles klar, mach´s gut, bis morgen!"

So ist man froh, dass man sich dann
per Telefon nicht sehen kann.

Zwar gibt es da seit Jahren schon
auch ein Bildschirmtelefon,
doch kommt mir da, so sieht es aus,
so ein Schweinkram nicht in´s Haus.
Ganz nebenbei, ich hatte nun
an diesem Montag viel zu tun...

Strohwitwer

Ab und zu lässt man in Peine
den Rentner auch einmal alleine,
weil meine Liebste dieses Jahr
wieder mal auf Amrum war.
Ich hütete die Katzen und
natürlich unseren guten Hund.

So habe ich nach kurzer Nacht
sie morgens früh zur Bahn gebracht
und man wies mich immerhin
auf dies und das nun auch noch hin.

Früher hieß das, im Vertrauen:
„Schau ja nicht nach den anderen Frauen!"
Diesmal sollt´ ich nicht indessen
am Herd das Ausschalten vergessen.
Man erkennt, man wird doch halt
irgendwie wohl langsam alt...

Ich freute mich, ganz ohne Frage,
nun auf ein paar ruhige Tage
und ich wollte mich deswegen
im Garten in die Sonne legen.

Ab und zu planscht man dann cool
noch gepflegt im Swimmingpool
und abends wollt´ ich, im Vertrauen,
im Fernsehen dann Fußball schauen.

Doch egal, nun war es halt
die ganze Woche ziemlich kalt
und es war der Swimmingpool
dieses mal besonders cool,
denn das Badewasser hat
inzwischen nur noch 17 Grad.

Mittags hab ich mit Bedacht
mir dann ein Menü gemacht.
Das habe ich dann leicht verhärmt
noch 2 Tage aufgewärmt.
Am dritten Tag gab´s nach der Feier
aber nur noch Spiegeleier..

Leider machte zu der Sause
auch die Bundesliga Pause
und so schaute ich mir dann
deswegen einen Krimi an.
Dazu gab es dann beizeiten
aber reichlich Süßigkeiten
und dazwischen gab es hier
so nach und nach 3 Weizenbier.

Irgendwie muss ich dann ein
wenig eingeschlafen sein.
Wenn meine Liebste das entdeckt,
werde ich diskret geweckt,
doch diesmal wurde ich danach
erst am nächsten Morgen wach.

So kam dazu im Verlauf
etwas Langeweile auf
und ich begann, nicht zu verhehlen,
die letzten Tage nun zu zählen.
So kommt es, das ich stets aufs Neue
mich auf ihre Rückkehr freue.

Ach übrigens, es fängt ja dann
auch die Bundesliga an...

Abgestürzt!

Neulich ließ im schönen Peine
mich mal wieder ganz alleine.
In Tschechien war immerhin
meine Lebenspartnerin.
2 Wochen war ich daher bloß
die Frau... und auch das Auto los.

Zum Einkauf hab´ zu guter Letzt
ich dann das Fahrrad eingesetzt,
denn als Rentner muss man nun
auch „etwas für den Körper tun".

So kaufte ich wohl allgemein
dabei etwas reichlich ein,
wobei der Korb, was nicht so toll,
auch allmählich überquoll.
Die Schätze wurden vehement
beim Fahrrad hinten drauf geklemmt.

Zu Hause bin, sonst müsst´ ich lügen,
ich dann „wie früher" abgestiegen

und es sollte mir gelingen
mein Bein nach hinten leicht zu schwingen,
wobei die Haltung offenbar
zunächst kerzengrade war.

Leider hatte ich indessen
meinen Einkauf glatt vergessen
und ich blieb zu diesen Zwängen
mit dem Hinterhuf dran hängen.

Aus diesem Grund verlor ich bald
zunächst den Korb und dann den Halt.
Die Haltungsnote ging im Stück
um 9 Punkte auch zurück,
denn ich fiel mit leichtem Schlenker
wie Rudolf Scharping übern Lenker
und suchte nun auch im Verlauf
vor meinem Haus die Platten auf.

So hatte in gekonnter Pose
ich nun den Joghurt auf der Hose
und am Abend hat es eben
mehrmals Rühreier gegeben.

Ansonsten hatte ich zum Schluss
Prellungen und Bluterguss
und die Bewegung, wie man denkt,
war danach etwas eingeschränkt.
Dabei war zu diesem Ziel
niemals „Doping" da im Spiel,
doch man erkennt so folgenschwer:
„Man ist halt keine 18 mehr!"

„Hier ist Helmut!"

Sehr riskant ist, in der Tat,
so ein Einkauf mit dem Rad
und so fielen wir darum
beim „Abstieg" auch gemeinsam um.

Dick war danach, ungelogen,
mächtig dann mein Ellenbogen
den der Doktor, weil´s gefällt,
per Verband dann ruhig gestellt,
wobei die Sache offenbar
mir irgendwie schon peinlich war.

Danach klingelte auch schon
morgens gleich das Telefon:
„Hier ist Helmut, altes Haus,
Menschenskind, wie sieht´s denn aus?"

Nun ist ein Helmut hier im Land
mir tatsächlich wohlbekannt.
Mich wunderte nur sein Gebaren,
wie hat er von dem Sturz erfahren?
Ich konnte nicht darauf verzichten,
ihm Einzelheiten zu berichten,
dass bei dem Sturz ich offenbar
natürlich auch stocknüchtern war.

Alles andere wäre nicht
die Wahrheit und nur ein Gerücht.
Helmut war nun, wie man hört,
darüber auch mit Recht empört
und wusste dann ein paar Geschichten
auch von sich selbst noch zu berichten.

So hab´ ich aus den letzten Jahren
von Helmut einiges erfahren.
Einzelheiten gab es eben
sogar aus Helmuts Liebesleben,
was mir Helmut, in der Tat,
sonst noch nie berichtet hat,
bis er plötzlich wundersam
und schnell zu einem Ende kam:

„Tja mein Freund, so ist es halt,
Josef, mach es gut, bis bald!"
Hier stockt nun aber mein Bericht,
denn der Josef war ich nicht,
doch „Helmut" hatte tiefbewegt
danach auch schon aufgelegt…

Gips

Mein Fahrradsturz ist „folgenschwer"
nun schon ein paar Wochen her.
Man operierte, ungelogen,
mir nachträglich den Ellenbogen
und hat mir nach des Sturzes Last
nun auch noch einen Gips verpasst.

Der Verband war nun genau
dazu auch noch „Schalke-blau"'.
So ein Gips macht ebenso
zu Hause auch die Tiere froh.
Wir haben da zwei Kätzchen und
dazu noch einen lieben Hund.
Für die drei „Damen" war nun schon
Herrchens Arm die Attraktion,

besonders, wenn ich offenbar
mal kurz eingeschlafen war.

Den Katzen war dann allemal
das „Königsblau" auch schnurz-egal
und man wollte sich deswegen
darauf auch zur Ruhe legen.
Zu dritt schleckt man das Ding vorab
zur Sicherheit auch erstmal ab.

Wachte ich dann im Verlauf
zwischendurch nun kurz mal auf,
schauten mich am Morgen dann
direkt zwei Hundeaugen an
und man begann, so wie nach Trüffeln,
an dem Gips gleich rumzuschnüffeln.

Nach einer Woche fing sodann
der Gips auch leicht zu „müffeln" an,
was das Trio aufmerksam
natürlich gleich zur Kenntnis nahm
und man mir nun öffentlich
nicht mehr von der Seite wich:

„Herrchen ist das Alpha-Tier,
er riecht inzwischen fast wie wir!"
Nächste Woche kommt vorab
der Schalke-Gips dann erstmal ab.
Es freut sich dann der Tiere Zahl
mit Sicherheit aufs nächste Mal!

Jetzt geht's lo-oos!

Hallo Leute, seid bereit,
es ist Bundesligazeit!
Samstag wird bei mir im Garten
die deutsche Bundesliga starten,
denn man hört erwartungsfroh
sowas live am Radio.

Am Freitag soll zu diesen Zielen
zwar Bayern gegen Werder spielen,
doch mir dient dieser alte Knüller
bestenfalls als Pausenfüller.
Die „echten" Spiele fangen dann
erst wieder mal am Samstag an.

Die Meisterschaft, man ist´s zufrieden,
scheint wohl vorher schon entschieden.
So diskutiert man dieser Tage
schon einmal die Abstiegsfrage.

Man spricht da vom „Sieger-Gen",
„Doppelsechs" und „tiefer 10".
Danach wird dann ungeniert
der „falsche Neuner" angeführt.
Alles das regt im Verlauf
dann die Experten mächtig auf.

Diskutiert wir dann dabei
auch wieder mit der Polizei.
Denen geht, es macht betreten,
das Wochenende wieder flöten…

Die Randalierer holen schneller
die Pyrotechnik aus dem Keller,
denn die Idioten haben schon
wieder einmal Hochsaison,
was dann schließlich dazu führt,
dass man die Züge demoliert.

Bei uns in Peine streicht man dann
die Elektrokästen an
und auch der Löwe grüßt dabei
länger schon aus Liga Zwei.
Die Schmiererei geht dazu meist
allen Peinern auf den Geist.

Ich schau mir die Spiele dann
später noch im Fernsehen an,
wo die Experten, wie wir hören,
alles haargenau erklären.

In Zeitlupe ist das Geschehen
in jeder Einzelheit zu sehen
und eine Linie zeigt uns dann
auch noch jedes Abseits an.

Es gelingt, hier ist man eigen,
die Szene mehrmals vorzuzeigen.
Beim achten Mal muss ich dann ein
wenig eingeschlafen sein...

Auch meiner Liebsten ist zudem
die Bundesliga angenehm,
denn sie hat dann ganz für sich
2 Stunden Pause...ohne mich!

Endlich wieder Bundesliga!

„Gladbach-Fan" heißt, wie wir wissen,
schon seit Jahren „leiden müssen",
sich vor den Bayern zu verneigen
und hoffentlich nicht abzusteigen.
Doch dieses Jahr, wer will´s bestreiten,
träumt man schon von „alten Zeiten".

So wurde nun vor ein paar Tagen
das Bayernspiel auch übertragen.
Bei uns im Schlafzimmer da steht
noch ein Uralt-Kleinstgerät,
doch diesmal sollt´ ich voll Vertrauen
Fußball auf dem Sofa schauen.
Meine Liebste sah sich dann
dazu Kataloge an.
Auf dem Tisch stand neben mir
ein gut gekühltes Weizenbier.
Dem Hund strich ich nun traumverloren
kraulend über Kopf und Ohren.
Die kleine Katze lag darum
glücklich schnurrend auf mir rum.
Es hätte so, um´s mal zu nennen,
ein schöner Abend werden können,
wenn dazu nicht noch, auf Ehre,
das Drei zu Null gefallen wäre.

Es entlud aus voller Brust
sich 30 Jahre Gladbach-Frust.
Mein Weizenbier warf ich darum
beim Jubelschrei ganz einfach um
und es ergoss sich analog
direkt auf den Katalog.

Den Hund hab´ ich, ich sag´ es offen,
irgendwo am Kopf getroffen,
die Katze bracht in kurzer Zeit
erschrocken sich in Sicherheit.
Die „Familie" war verbittert,
der Glauben an den Chef erschüttert,
so dass ich mich als alter Knabe
dann auch gleich entschuldigt habe.

Die Tiere haben unbenommen
ein paar Leckerlis bekommen,
wobei sie große Augen machten,
ich sah sofort, was sie wohl dachten:
„Ob Meisterschaft, ob Cup-Gewinner,
der Dosenöffner ist ein Spinner!"
Am Sonntag werd´ ich ohne Mucken
mit der Liebsten Pilcher gucken...

"PE -WC 96"

Auch als Rentner kommt man sehr
oft in den Berufsverkehr
und es stoppt an mancher Stelle
uns dann auch die „rote Welle".

Hinter uns, in roter Phase,
bohrt sich jemand in der Nase.
Vorne schaue ich mir dann
auch gern Nummernschilder an:

Aus Hannover kommt genau
hier sehr oft der „H-SV"
und sehr viele Peiner tragen
„PE-CH" und „PE-NG" an ihrem Wagen.

Als Gladbach-Fan da hätt´ ich schon
die „MG" Kombination,
doch das lehnte kurz und knapp
meine Liebste dankend ab.

Das „DM" weist immerhin
nun auf den Namen "Dagmar" hin.
Dabei wär´, versteht mich recht,
"Margarete" auch nicht schlecht.
"DM"..."MG"..., man sieht daran,
dass man nicht alles haben kann.

Neulich fiel mir im Verlauf
eine tolle Nummer auf,
denn ein Peiner fuhr darum
mit "WC 96" rum.
Mit "96" hat das nun
sicherlich nicht viel zu tun,
denn er wird, man sieht es ein,
wohl ein Fan der "Eintracht" sein...

So denk ich noch, als man mich dreist
nun aus den Gedanken reißt:
„Achte mal auf den Verkehr,
denn viel grüner wird's nicht mehr!!"

Fußball – Zweisamkeit...

Gerne schaue ich als Mann
Fußball mir alleine an.
Als Fernsehpartner langt mir hier
ein gut gekühltes Weizenbier,
doch die EM schaut immerhin
auch meines Lebens Partnerin.

Störend ist da dieser Tage
dann ab und zu die Abseitsfrage.
Man erklärt den Abseitstreffer
mit Butterdose, Salz und Pfeffer.

Auch fällt den Damen im Verlauf
dann dies und das noch dabei auf.
Warum sie da in diesen Tagen
Schuhe in zwei Farben tragen?
Sicher, weil der Profi dann
nicht links und rechts verwechseln kann...

So hinterlassen die Frisuren
bei den Damen tiefe Spuren.
Bei blondgefärbten schwarzen Locken
war sie völlig von den Socken.

Warum haben viele nur
diese Einheits-Kurzfrisur?
Die kenne ich, wer will´s bestreiten,
noch aus alten Nachkriegszeiten.

Einer zeigte allemal
sich auf der Birne völlig kahl,
nur in der Mitte, konnt´ man sehen,
ließ der Frisör ein Büschel stehen.

Zum Kurzhaar trägt man oft auch ganz
am Ende einen Pferdeschwanz,
den man modisch gut begründet
in Kringelform nach oben bindet.

Dazu zeigt man ungeniert
von Kopf bis Fuß sich tätowiert,
wo Ornamente, Frauennamen,
Gedichtzyklen zum Einsatz kamen.

Manche Profis da entdecken
die Haut auch noch zu Werbezwecken,
wo man nach dem Treffer meist
sich das Trikot vom Leibe reißt.
Die gelbe Karte nimmt darauf
der Künstler auch noch gern in Kauf.

Wichtig ist wohl dieser Tage
für Damen auch die Trikotfrage.
In Spanien ist als Hauptgericht
sicher die Paella Pflicht.
Es sieht so aus, als ob die Knaben
sich damit bekleckert haben.

Alles das, ich sag es allen,
wär mir allein nicht aufgefallen.
Auf geht´s Männer, schaut genau
Fußball mal mit eurer Frau!

Frauenpower

Auch Damenfußball, wie man hört,
ist nun mal kein Wunschkonzert!
Japans „kleine Rasenmäher"
brachten die Erkenntnis näher
und so schied man mir Applaus
noch vor dem Halbfinale aus.

Bei der WM fällt im Verlauf
mir das ein und andere auf:
Stellenweise wird gezielt
dabei auch recht hart gespielt,
doch bleiben nach den Foul-Intrigen
die Damen da nicht lange liegen.
Es bleibt kein langer Grund zur Trauer
bei geballter Frauenpower!

„Schwalben" sind voll Sachverstand
bei den Damen unbekannt.
Wo Männer sich „vor Schmerzen" winden,
um einen Freistoß raus zu schinden,
springt die Dame im Verlauf
der Sache einfach wieder auf.

Es rotzt da auch in Ruhephasen
niemand kräftig auf den Rasen
und auch die Nase macht dabei
keine mit dem Daumen frei.
Niemand stellt sich da in Pose
und kratzt sich vorne in der Hose...

Es wird auch nicht, wenn was passiert,
mit der Schiedsfrau diskutiert
und „Rudel" bilden nach wie vor
die Damen nur nach einem Tor.
In einem Spiel hat man gezielt
Handball zwischendurch gespielt.

Das hat da nun bei dem Geschehen
die Schirifrau glatt übersehen.
Selbst diese Sache ließ da halt
die Damenwelt fast völlig kalt.

Es lohnt als Frau nicht, sich deswegen
da nun noch „künstlich" aufzuregen...

Doch irgendwie, wenn wir's beschauen,
bleiben Frauen immer Frauen:
So bleibt auch beim Fußball pur
noch etwas Zeit für die Frisur
und um sich vorher noch deswegen
etwas Make up aufzulegen,
was sicherlich der Männerwelt
ganz nebenbei auch gut gefällt.

Wischiwaschi

Als alter Sportler, da schaut man
sich gerne auch mal Handball an,
was man heute ganz gezielt
nur noch in der Halle spielt.

Schweißnass setzt der Stürmer dann
auch schon mal zum Sprungwurf an.
Der Abwehrspieler, wie man weiß,
fällt meist rückwärts in den Kreis.
Der Boden hat zu diesem Zwecke
danach ein paar feuchte Flecke
und man vermutet nun sogar
hier verstärkte Rutschgefahr.

Daher wischt im kleinen Kader
ein jugendliches Putzgeschwader.
Mädels in der schönsten Phase
wischen dann bis zur Ekstase.

Sicherlich, mit stolzer Miene,
sitzt Mutter auch auf der Tribüne
und sieht Töchterchen inzwischen
mit Erfolg den Boden wischen.
Das Ganze wird dann so dabei
trocken und auch streifenfrei.
So macht Mutter ohne Wanken
sich ein paar eigen Gedanken:

„Vielleicht hält diese Eifer dann
auch bei der Hausarbeit noch an.
Flur und Küche sind zudem
dann für das Mädel kein Problem.
Vielleicht lässt sich aus guten Gründen
sogar noch ein Sponsor finden..."

Kling Glöckchen, klingelingeling

Nun hat´s der Letzte auch kapiert,
dass nur das Geld die Welt regiert
und nach Katar wurd´ daher eben
so auch die WM vergeben,
wo in Sandalen, ohne Socken,
die Scheichs mit ihren Dollars locken.

In Katar ist, wie man weiß,
es im Sommer glühend heiß
und so will man nun deswegen
das in den Dezember legen.

Im Peiner Stadtpark stünde dann
auch das Public-Viewing an.

Allerdings wird es dann halt
an den Füßen mächtig kalt.
Dick eingemummelt schaut man dann
die Herr´n in kurzen Hosen an.

Die Wollmütze ist, ungelogen,
tief in das Gesicht gezogen
und der Schal, aus gutem Grund,
schützt die Nase und den Mund.
In schwarz-rot-gold da bietet man
uns nun Ohrenschützer an
und ab und zu wärmt ungeheuer
im Stadtpark schon ein Lagerfeuer.

Mit klammen Fingern hält man hier
gut gekühlt das Härke Bier
und so mancher steigt darum
auch schon mal auf Glühwein um.

Fällt ein Tor wird, wie wir wissen,
alles in die Luft geschmissen,
was wir dann aus guten Gründen
im Tiefschnee nicht mehr wiederfinden.
Schwirig wird´s, zum Gotterbarmen,
dann den Nachbarn zu umarmen,
denn man kommt dabei nicht um
die dicke Daunenjacke rum.

Das „Deutschlaaand-Deutschlaaand"
wird seit Wochen
von einem Niesen unterbrochen
und zum Schluss, so wird es sein,
friert noch die Vuvuzela ein.

Vielleicht sollte man deswegen
das auf den Weihnachtsmarkt verlegen,
wobei wir uns mit einem neuen
Weihnachtslied dazu erfreuen:
„Kling Glöckchen, klingelingeling,
kling Glöckchen kling.
Deutschland wird Weltmeister,
Spanien wird nur Zweiter,
Brasilien wird nur Dritter,
oh wie ist das bitter!
Kling Glöckchen, klingelingeling,
kling Glöckchen kling!"

„Wart´ mal ´ne Sekunde!"

Zum Bummel lädt hier klein und fein
unsere Peiner City ein.
Dahin schleppt mich immerhin
meine Lebenspartnerin:
„Ich will nur, ganz im Vertrauen,
hier und da ein wenig schauen!"
Warum fall´ ich allgemein
darauf nur immer wieder rein?
Wahrscheinlich sucht sie einen Deppen,
das ganze Krams nach Haus zu schleppen.
Vielleicht hat sowas aber nun
auch mit Liebe was zu tun...

Eigentlich, um´s mal zu nennen,
müsst´ ich das „Ritual" schon kennen,
denn plötzlich tönt´s aus ihrem Munde:
„Hase, wart´ mal ´ne Sekunde!"

So fährt der Schreck mir immer wieder
durch die altersschwachen Glieder,
denn aus dem Zeitraum von Sekunden
werden schnell so ein paar Stunden,
weil sie nun, weil es pressiert,
dies und das kurz anprobiert.

So lasse ich mich immer wieder
gerne auf der Rundbank nieder,
die man hier in unserer Stadt
direkt vor den Geschäften hat
und mache mir da ohne Wanken
meine eigenen Gedanken:

Beim Einkauf weiß der Mann genau,
„ein T-Shirt XXL in blau".
In zwei Minuten voller Güte
hat er das Schnäppchen in der Tüte...
Ganz anders in dem Fall verhält
sich dazu unsere Damenwelt,
denn es sind, das macht betroffen
noch ca. 100 Wünsche offen...

Sie sucht im weiteren Verlauf
dann noch den Parfümmarkt auf
um von Düften rings umgeben
auf Wolken durch die Stadt zu schweben.

Als Krönung folgt dann schließlich die
stadtbekannte Drogerie,
wo zwischen Zahnpasta und Socken
ungeahnte Schätze locken
denn neben Müsli bietet man
hier sogar auch Bücher an.

Ich hab´ mir da schon, ungelogen,
Krieg und Frieden „reingezogen"...

In England haben unumwunden
Wissenschaftler rausgefunden,
wie lange man da bis zum Schluss
insgesamt so warten muss:
Ein ganzes Lebensjahr genau
wartet man auf seine Frau.
Der Kommentar fällt mir da leicht:
Ein ganzes Jahr? Wenn das man reicht...

Problembrötchen

Morgens gibt es bei uns lecker
Brötchen meist direkt vom Bäcker.
Doch kann man aus diversen Gründen
sie auch beim Discounter finden
und so mancher Laden hat
dazu einen Automat.
Das Backwerk wird als leckeres Bild
in Kunststoffkästen dann gefüllt,
aus denen sich der Kunde dann
die Brötchen einfach nehmen kann.

Beim „einfach nehmen" kann man eben
aber einiges erleben:
So stand ich nun in diesen Tagen
ratlos mit dem Einkaufswagen
mit „Paninis" auf der Liste
vor der großen Plastikkiste.

Von den Brötchen gab´s zum Glück
auch tatsächlich noch 2 Stück.
Die wollte ich mir nun verstohlen
per Schieber auch nach vorne holen.
Das gelang, man muss sich sputen,
so in ca. 5 Minuten.

Das Backwerk sollt´ noch etwas rutschen
und durch den Schlitz nach unten flutschen,
damit man mit der Zange dann
sich das Gewünschte nehmen kann.
Leider sind Paninis bloß
dafür aber etwas groß.

So fasste ich am Ende doch
mit der Hand schnell durch das Loch,
kam mit der Semmel dann im Stück
nicht mehr durch das Loch zurück.

Es standen danach nun zu Buche
etwa 20 Fehlversuche
bis ich sie dann, weil es pressierte,
tatsächlich durch den Schlitz bugsierte.
Danach nahm ich etwas bange
sie mit der bewussten Zange,
bis das Brötchen kurz vorm Ziel
kullernd auf den Boden fiel.
Ich habe es dann sehr tief unten
unterm Kühlregal gefunden.

Morgen lasse ich das sein
und kaufe sie beim Bäcker ein...

Mettbrötchen

Wer sparen will, kauft allgemein
gerne gut und günstig ein.
Hier lohnt sich doch, ob arm, ob reich,
im Prospekt der Preisvergleich.
So hat man dann auf diese Weise
Lebensmittel-Sonderpreise,
doch manchmal ist in diesem Falle
das Angebot schon montags alle.

Bei mancher Werbung sind da eben
auch Termine vorgegeben,
was natürlich, wie´s so geht,
oft im Kleingedruckten steht.
So wird da zu diesen Zoten
das Mett am Montag angeboten,
die Brötchen wird es dazu eben
aber nur ab Mittwoch geben
und die Zwiebeln bietet man
dann billiger am Samstag an.
Bis dahin sind dann, uns zum Schaden,
im Thüringer schon längst die Maden...

Manchmal sucht man im Verlauf
den Laden auch am Samstag auf.
Natürlich sind in diesem Falle
die Montags-Angebote alle
und man erntet auf sein Mucken
nur gequältes Achselzucken.

Im Supermarkt, da bietet man
auch dies und das sehr gerne an.

Büstenhalter, Rasenmäher,
Unterhosen, Flachfernseher.
Doch ist aus ungeklärten Gründen
das manchmal gar nicht vorzufinden.

Vielleicht teilt man im Verlauf
die Sachen da schon vorher auf
oder man hat, unbenommen,
die Sachen gar nicht erst bekommen.

Da wäre doch, kurz nachgedacht,
schon eine Strafe angebracht,
denn gute Werbung ist das nicht.
Damit schließt sich mein Bericht.

Umgeräumt!

Zum Lebensmitteleinkauf parkt
man heute vor dem Supermarkt.
Der Einkauf sollte allgemein
möglichst schnell erledigt sein.
Dazu ist nun folgerichtig
auch die Orientierung wichtig
und man merkt mal wieder hier:
Der Mensch ist ein Gewohnheitstier!

Wichtig ist es, ohne Rennen,
sich im Laden auszukennen,
doch es ist hier offenbar
nichts mehr wie es vorher war.
Zuerst meint man, dass man es träumt:
Sie haben wieder umgeräumt!!

Solche Dinge sollen eben
kurzfristig den Umsatz heben
und man ändert ständig die
Verkaufs – und Warenstrategie.
Überfordert allemal
ist wohl auch das Personal,
denn man kennt sich hier im Haus
scheinbar selber nicht mehr aus.

Vielleicht gelingt´s in diesen Tagen
das Wichtigste kurz anzusagen,
wozu dann auch unbedingt
geheimnisvoll der Gong erklingt:

„Achtung, Achtung, liebe Kunden,
wir wünschen ein paar frohe Stunden!
Sie sind König und darum
räumten wir heut´ für Sie um:

Wo Feinkost war, da haben wir
nun Futter für das liebe Tier.
Frischmilch gibt es allemal
nun direkt im Schnapsregal.

Wo die Milch lag, ja da finden
Sie nun Hygiene-Damenbinden.
Beim Gemüse liegt der Kuchen.
Wir wünschen sehr viel Spaß beim Suchen!"
Der Kunde wird, ganz ohne Mucken,
diesen Blödsinn wieder schlucken...

Wasabi

Gerne hält zur Fernsehzeit
man etwas Knabberzeug bereit,
wobei ich da als alter Knabe
irgendwas verwechselt habe.

So kam bei uns, wie wir nun hören,
Wasabi auch zu neuen Ehren.
So schob ich mir zu später Stund´
nun Wasabi in den Mund.
Das Ganze fühlte sich sodann
im Mund erstmal wie Rollsplit an,
wonach ich aber wundersam
danach kaum noch Luft bekam.

Es gelang mir nur verstohlen
wie durch Kiemen Luft zu holen,
denn es war als Essbedarf
dazu mehr als rattenscharf.
Ich hatte nun, wie ich erwähne,
panisch Angst um meine Zähne.

Es kämpft nach dem Anschlag eben
das Zahnfleisch auch ums Überleben.
Die Fingernägel, zu dem Zwecke,
krallten sich in Richtung Decke
und es begannen sich dieselben
an den Zehen leicht zu wölben.

Wer Wasabi aber kennt,
weiß auch, dass es zweimal brennt,
denn das Zeug regt dazu dann
auch noch die Verdauung an.

Man hat nur Angst nach dem Geschehen,
hinterher aufs Klo zu gehen.

Voller Angst schreckt man zusammen,
man meint der Hintern steht in Flammen.
Eh die Wirkung glatt verpufft,
schnappt das Hinterteil nach Luft.
Dem „Feuerstuhl" kommt da im Nu
ganz andere Bedeutung zu.

Wasabi sollt´ nach diesem Treiben
lieber gleich in Japan bleiben!

Umtausch

Meine Lebenspartnerin
wies mich auf ein Faltblatt hin.
Darin wird nun offenbar
ein Männertraum wohl endlich wahr,
denn man bietet hier sodann
ein „Rasiererlebnis" an.
In höchsten Tönen wird beschrieben
der Rasierer „Serie 7".
Wenn Sie ihn kaufen, dann erhalten
sie 30 Euro für „den Alten"...

Meine Liebste sah mich dann
auch schräg von der Seite an
und mir ist dann so gewesen,
als könnte ich Gedanken lesen:
30 Euro, das gefällt,
ist doch wirklich gutes Geld.

schnell verdient und unerhört
für den Gebrauch erstrebenswert.
und man wird mit der Tauscherei
noch den „Alten" los dabei...

Mir wurde plötzlich kalt und heiß,
auf der Stirne stand der Schweiß.
Sie denkt doch da wohl hoffentlich
bei 30 Euro nicht an mich?

Doch im weiteren Verlauf
klärte sich die Sache auf:
30 Euro wär´n an sich
doch wohl etwas knapp für mich.
Für 100 Euro würd´ deswegen
sie sich die Sache überlegen...

"Alte" Fotos

Gerne schaut man dann und wann
sich mal alte Fotos an
und die Sache freut nicht minder
dann sogar die Enkelkinder:
„Schau mal Opa, altes Haus,
da siehste ja voll uncool aus!
Die Mütze haste fast verloren,
die reicht fast über beide Ohren!"

„Das ist, als Gedächtnisstütze,
meine alte Jahnermütze
und das Foto ist hier bald
wohl auch 50 Jahre alt,

als wir da, kurz nachgedacht,
Freischießen erstmals mitgemacht,
wobei der Marktplatz, wie ihr seht,
direkt noch voller Autos steht.

Zum Tanken gab´s zu diesem Zwecke
die Tankstelle noch an der Ecke.
Die war, was damals sehr gut passt,
von einer Hecke eingefasst,
was nun früher offenbar
ein schöner Treffpunkt für uns war.

Hier lagerte in Ruhephasen
man gerne auf dem Stückchen Rasen
und es färbte nach der Choose
grün sich manche weiße Hose!"

„Opa, was soll auf dem Bild
die „59" auf dem Schild???"
Das mein Kind, wird allgemein
wohl der alte Spritpreis sein.
Das war die gute alte Zeit
und Frau Merkel war noch weit!

Dr. Sommer

Vor ein paar Tagen hat mich offen
eine Meldung sehr getroffen,
denn man erfuhr, ganz ohne Not,
Martin Goldstein ist nun tot.
Der war einst in aller Munde
als „Aufklärer der ersten Stunde",

weil in der Bravo offenbar
er der Dr. Sommer war...

Den hat man, wie´s so war, ihr Lieben,
da per Brief noch angeschrieben.
Sowas dauerte oft Stunden,
die E-Mail war noch nicht erfunden.

Er wusste alles zu der Zeit
von Liebe, Sex und Zärtlichkeit
und war stets, wie dem auch sei,
mit guten Ratschlägen dabei.
So erfuhr man ganz genau
„alles" über Mann und Frau...

So schrieb Christiane P. aus Z.:
„Herr Doktor, sei´n Sie doch so nett
und klären mich hier im Verlauf
über meinen Freund mal auf.
Neulich tanzten ungezwungen
wir bei der Party eng umschlungen.

Dabei habe ich gezielt
einen Gegenstand gefühlt,
der, das wurde mir gleich klar,
einer Flasche ähnlich war.
Nun meine Frage, hat das nun
was mit Alkohol zu tun?"

Dr. Sommer, wie man hört,
hat Christiane aufgeklärt,
doch hoffentlich, wie es so geht,
war es da nicht schon zu spät...

"Senioren-crash"

Senioren gibt es folgenschwer
hier im Lande immer mehr.
„Vorteilhaft" ist allgemein
dann auch ein Seniorenheim,
denn Großfamilien, wie ich meine,
gibt´s noch nicht mal mehr in Peine...

Hier wird dazu, wie man berichtet,
nun ein neues Heim errichtet
und man plant es dieser Tage
in allernächster Stadtparklage.
Die Parkschänke wird dann beflissen
als Schandfleck erstmal abgerissen.

Fünfgeschossig wird dann laut
Planung endlich neu gebaut,
wobei man diesen Anblick dann
sicher diskutieren kann.
Hier versöhnt dann, ohne Frage,
den Rentner doch die Stadtparklage
und Unterhaltung bietet man
an der Straßenkreuzung an...

Man bemerkt, dass in der Stadt
man Heime an der Kreuzung hat.
Kaum eine Kreuzung ist dabei
bei uns hier noch „seniorenfrei".

Da wird dann sicher ungelogen
der beste Zwirn auch angezogen
und per Rollator geht es fesch
zur Kreuzung zum „Senioren-crash".

So unterhält den Senior sehr
der ständige Berufsverkehr
und man hat, so soll es sein,
frische Luft noch obendrein...
Doch ganz so frisch ist sie wohl nicht,
damit schließt sich mein Bericht.

"Einbruchsicher"

Bisher lebt man, wie ich meine
recht beschaulich im Kreis Peine,
doch nun schrecken im Verlauf
uns hier Einbruchserien auf.

Der brave Bürger muss deswegen
sich nun schon was überlegen,
wie er aus diesem Grunde dann
sich vor dem Einbruch schützen kann:
Zu diesem Zwecke haben wir
die Lichtanlage an der Tür,
doch schützt sie da, kurz nachgedacht,
nur vor dem Einbruch in der Nacht.

Besser wär´ da, ohne Frage,
doch wohl die Alarmanlage,
vorausgesetzt dabei, dass man
sich so etwas auch leisten kann.
Vielleicht sollte es gelingen,
Gitterstäbe anzubringen
und das ganze Haus wir bald
zur Justizvollzugsanstalt.

Auch Stacheldraht rings um das Haus
sieht doch „echt bescheuert" aus.
Wir werden nicht darauf verzichten
unsere Tiere abzulichten.
Man hängt das Bild dann an die Tür
mit dem Vermerk: „Hier wachen wir!"

Es sollte dazu noch gelingen,
das in drei Sprachen anzubringen,
wobei die Tiere, wie wir wissen,
aber grimmig gucken müssen.
Bei uns sieht dieses Bild am Haus
allerdings „zum Knutschen" aus.

Es lohnt sich auch, mit ein paar Zeilen,
dem Einbrecher kurz mitzuteilen,
dass bei dem Rentner, der hier wohnt,
sich ein Einbruch gar nicht lohnt.

Dazu nutzt mir nun am Ende
der Bescheid von meiner Rente.
Zu diesem Zwecke häng´ ich mir
das Formular gleich an die Tür.

Da bleibt nun auch dem größten Jecken
das Lachen glatt im Halse stecken
und voller Sorge fragt man hier:
„In welchen Zeiten leben wir?"

Gerade schlecht...

Schön ist es, wenn man in der Stadt
etwas Zeit zum Bummeln hat.
Hin und wieder hält man dann
auch kurz auf einen Plausch mal an.
Man trifft Freunde und Verwandte
und von früher oft Bekannte.

Man hat sich bei dem Geschehen
manchmal länger nicht gesehen
und so überlegt man dann,
wann man sich mal treffen kann.

Allerdings, ich weiß nicht recht,
im Moment ist´s gerade schlecht,
denn es ist jetzt weit und breit
schließlich auch noch Urlaubszeit.

Danach steht hier wohl sodann
wieder mal das Weinfest an.
Dann feiert man im Eulennest
natürlich noch das Eulenfest
und danach sieht man mich wandern
von einer Lesung hin zur andern.

Dann ist auch nicht zu vergessen
mal wieder das Martiniessen
und im Dezember, ohne Frage,
geht´s nicht dank der Weihnachtstage.

An einem Wintertreffen hindern
uns Besuche bei den Kindern
und ab dem Frühjahr steht sodann
wieder Gartenarbeit an.

Dank Ostern dann, es tut mir leid,
ist zum Treffen kleine Zeit
und danach fängt schließlich dann
wieder mal der Urlaub an.

Irgendwie, versteh´ mich recht,
ist das im Moment ganz schlecht.
So dreht man sich hier, wie man weiß,
auch als Rentner oft im Kreis.

Eigentlich lässt uns doch eben
sehr viel Zeit das Rentnerleben,
doch im Moment, versteh mich recht,
ist es irgendwie ganz schlecht...

Ärger...

Im Alter kommt man zu dem Schluss,
das man sich bewegen muss.
Soll die Figur erhalten bleiben,
lohnt es sich, etwas Sport zu treiben.

So sollte es mir nun gelingen,
mich nochmal auf´s Rad zu schwingen,
wonach ich bei den Autos merke,
es gilt hier das Gesetz der Stärke.

Autofahrer sind famos,
selbstbewusst und rücksichtslos,
wobei sie dann, man soll sich schämen,
mir gekonnt die Vorfahrt nehmen.
Man bekommt zu diesem Ziele
als Radler leichte Hassgefühle.

Umgekehrt kommt man ins Schwitzen,
wenn wir selbst im Auto sitzen
und man schimpft dann, in der Tat,
auf die Leute mit dem Rad,
die in bunter Tracht, wir stutzen,
mal wieder nicht den Radweg nutzen
um dabei, hier sind sie eigen,
das Abbiegen nie anzuzeigen.

Zur Gesundheit dient am Ort
aber auch der Joggingsport.
Da regen mich dann im Verlauf
nur die vielen Hunde auf,
die mich glatt von vorn bespringen
und mich so zum Halten zwingen.
„Der will nur spielen", bringt zum Ziele
mir da wieder Hassgefühle.

Anders ist´s, wenn in der Nähe
ich mit dem Hund spazieren gehe,
wobei mich dann, in allen Ehren,
nur die vielen Jogger stören,
denn dann muss im schönen Peine
der Hund nun ständig an die Leine.

So muss ich wohl aus guten Gründen
dazu eine Lösung finden.
Ich schwinge mich nun, in der Tat,
dazu lieber auf mein Rad
und der Hund läuft, bitte sehr,
an der Leine nebenher,
wobei zum Ärgern bei dem Treiben
nur die Autofahrer bleiben...

Knoblauch in der Flasche...

Es ist ein Brauch von alters her,
wer Sorgen hat, hat auch Likör.
Ganz gerne trinkt man allgemein
im Alter auch mal ein Glas Wein.
Auch ein Schnaps führt zu Erbauung
und fördert schließlich die Verdauung.

„Selbstgebrannter" ist zum Schluss
sicherlich ein Hochgenuss.
Wir stellen dabei folgenschwer
den „Knoblauchschnaps" noch selber her.
Den Schnaps krönt man bei dem Geschehen
am Ende mit 8 Knoblauchzehen,
was Tränen in die Augen treibt,
wenn man den sich einverleibt.

So werden wir auch, nicht zum Schaden,
mal hin und wieder eingeladen
und man packt dann allgemein
als Mitbringsel ein Fläschchen ein.
Zum Dekorieren nimmt man hier
allerfeinstes Buntpapier
und als Krönung dazu passt
oben dran ein Bändchen Bast.
Dann kommt die bewusste Flasche
in eine bunte Tragetasche
und fertig ist dann eingedenk
der Freundschaft so ein Gastgeschenk...

Neulich luden wir dann fein
abends ein paar Freunde ein
und ich bekam in großer Güte
so eine bunte Flaschentüte.

Ruckzuck war, wie man es lernt,
das Geschenkpapier entfernt
und es schauten mich sodann
im Schnaps 8 Knoblauchzehen an...
So dreht sich wohl, wie ich jetzt weiß,
manche Flasche da im Kreis!

Handy Anno 1960
Gerne schau ich dann und wann
mir mit den Enkeln Fotos an.
Man erkennt auf alle Fälle
da nun eine Fernsprechzelle.
Das gelbe Haus warf im Verlauf
nun bei den Kindern Fragen auf:
„Sperrte man da allgemein
früher mal die Raucher ein?"

„Nein mein Kind, wir hatten schon
früher auch ein Telefon.
Da gab es einige in Peine,
nur Handys hatten wir noch keine.
Wir saßen uns auch damals lieber
beim Sprechen direkt gegenüber."
„Mensch Opa, du ich lach mich schlapp,
wie sprach man sich denn damals ab?"

„Man traf sich dazu hier und dort
zur festen Zeit am festen Ort.
Das hatte man da oft vor Wochen
schon miteinander abgesprochen.
Mancher hatte damals schon
aber auch ein Telefon.

Den rief von auswärts man sodann
aus dieser gelben Zelle an.
Mancher nutzte diese Stätte
nebenbei auch als Toilette.
Die Nummer war in einem alten
dicken, gelben Buch enthalten.
Das Alphabet ging aber da
oftmals nur von „F" bis „K".

Der Rest war leider, müsst ihr wissen,
sehr oft einfach rausgerissen.
Man warf schließlich allgemein
dann noch ein paar Münzen ein
und drehte danach dann beileibe
mit dem Finger eine Scheibe.
Leider war zu diesem Zweck
dann auch oft der Hörer weg.

Den hat dann Jemand, wenn´s pressiert
mitsamt dem Kabel einkassiert.
Man hat damals unumwunden
wohl das Handy so erfunden,
so dass das Ganze offenbar
der „Vorläufer" von deinem war..."

Man freut sich, dass man dann und wann
den Kindern was erzählen kann...

Huckepott

Sehr erholsam und gesund
ist ein Spaziergang mit dem Hund.
Da hat doch jemand ungeniert
was auf den Bürgersteig geschmiert,
was ich nach schneller Prüfung dann
als Huckepott erkennen kann!

60 Jahre dreh´ im Stück
das Rad der Zeit ich nun zurück,
da hatten wir zu diesem Zwecke
den Huckepott an jeder Ecke.
An sich war das zu solchem Ziel
aber mehr ein Mädchenspiel.
Ab und zu hat man gezielt
den Mädels untern Rock geschielt.
zur Schlüpferfarbe schloss vorab
man dazu sogar Wetten ab.

Zuerst warf man da einen Stein
in den Huckepott hinein
und es musste dann gelingen,
dieses Feld zu überspringen.
Auf dem Rückweg hielt man dann
auf einem Bein kurz davor an
um balancierend dabei eben
den Stein dann wieder aufzuheben.
Hier klärte sich dann im Verlauf
auch die Schlüpferfrage auf.
Der Huckepott ist ohne Frage
ein Teil vergangener Kindertage,
doch freut es mich, dass dann und wann
ein Kind das heut´ noch spielen kann...

So dacht´ ich noch und wie im Traum
band ich den Hund an einen Baum.
Kurz nach links und rechts geguckt
und schon bin ich losgehuckt.
Schnell war der Huckepott bezwungen,
sogar die Drehung ist gelungen!

Nur der Hund tippt nach der Zote
sich an den Kopf mit seiner Pfote...

Bußgeld

Schuleschwänzen ist am Ort
scheinbar ein beliebter Sport
und so steht hier daher schon
ein Bußgeld da zur Diskussion.
Das ist aber nun inmitten
der Betroffenen umstritten.

Gerne denkt man da ein Stück
an die Jugendzeit zurück,
als ein Schwänzen offenbar
schon „technisch" gar nicht möglich war.
Im Lauf der Zeit hat das Geschehen
man dann „lockerer" gesehen
und so hat man nun den Schaden
heute dazu auszubaden.

Im Landkreis hat man nun zuletzt
das Bußgeld auch schon umgesetzt
und man wandelt es darum
auch in Arbeitseinsatz um.

Das ist alles, wie man hört,
wohl auch äußerst lobenswert
und führt manchen Sünder dank
der Bestrafung auf die Bank.

Vielleicht setzt man, so soll es sein,
hier nun auch die Technik ein.
Per Handy sind doch nicht zuletzt
die lieben Kleinen voll vernetzt
und so sollte es doch glücken,
hier eine SMS zu schicken,
die die Lehrerin sodann
per Fingerdruck verschicken kann
an Leon, Kevin und Jasmin,
an Leah und an Ann-Kathrin.

Vielleicht wird hier zu guter Letzt
sogar das Facebook eingesetzt:
„Hallo Fans, es wäre schön,
euch um 8 Uhr hier zu sehn!

Wir haben dann je eine Stunde
Physik, Geschichte, Heimatkunde.
Danach gibt es hier am Ort
Englisch Deutsch und etwas Sport.
Hinterher geht´s ob der Streuung
in psychologische Betreuung...."

Paketdienst

Als Rentner sitzt man, wie zum Trotze,
abends länger vor der „Glotze",
denn spät am Abend hat man nur
da hin und wieder auch Kultur.

Daher steht man im Verlauf
morgens etwas später auf.
Doch meistens ist´s, wie dem auch sei,
mit dem Morgenschlaf vorbei,
denn es gibt als Freudenspender
für die Damen ein paar Sender...

Hier steht täglich, fällt uns auf,
einfach alles zum Verkauf.
CD´s, Töpfe, Armbanduhr,
das „Zauberhemd" für die Figur.
Diese Dinge bietet man
den Damen hier nun täglich an,
wobei man nachts für gutes Geld
dies und das wohl auch bestellt...

Die Pakte kommen dann
meistens sehr früh morgens an
und man wird, wie man entdeckt
durch stetes Klingeln auch geweckt.

Als Kavalier geht man dann hier
nur leicht bekleidet an die Tür
und im Schlafanzug nimmt man
die bestellte Ware an.

Täglich kriegt man, wie´s so geht,
morgens so ein Wunschpaket.
Wozu soll dieses Zeugs nur taugen?
Ich habe Ringe untern Augen...

Das meiste geht dann auch zum Glück
bei Nichtgefallen nun zurück,
doch ich bin nach kurzer Nacht
um den verdienten Schlaf gebracht.

Schließlich ist bei dem Geschehen
Licht im Tunnel wohl zu sehen:
„Lieber Schatz, ich danke dir,
ich kann aber nichts dafür.

Morgen kann da unbenommen
aber wirklich nichts mehr kommen.
Morgen schlafen wir im Haus
alle mal so richtig aus!"
Früh am Morgen klingelt´s hier
wieder kräftig an der Tür.
Ich springe auf und stoße mir
den nackten Zeh an unserer Tür.

Schlaftrunken fällt, wie es so geht,
mein trüber Blick auf ein Paket:
„Kann ich Ihnen hier mal eben
für Ihre Nachbarin was geben?"
Mich überfallen ohne Wanken
nun früh am Morgen Mordgedanken...

Blitze

Froh ist man, wenn man dann und wann
den Kindern mal was bieten kann
und man fährt erwartungsfroh
mit dem Auto Richtung Zoo.
Gleich hinter Lehrte ist genau
natürlich wieder einmal Stau
und so fährt man schließlich knapp
vor dem Stau ganz einfach ab.

Das Navi wurde, wie erwähnt,
natürlich dankend abgelehnt.
Auf einem Umweg ging es fein
„schnellstens" in die Stadt hinein.
Ich merkte, dass sich in der Stadt
doch einiges geändert hat
und auch in Hannover steht
hier und da ein Blitzgerät...
Nach dem Blitz hat sich gepflegt
die Stimmung Richtung Null bewegt.

Nun richtete da im Verlauf
der Zoo die Stimmung wieder auf.
Bei einer Floßfahrt war indessen
der blöde Blitzer bald vergessen,
denn auch als Peiner fühlt man da
sich mittendrin in Afrika.

So ließ ich nun, befreit von Zwängen,
die gestresste Seele hängen,
doch plötzlich traf, das ist kein Witz,
mich hier nun erneut der Blitz!!

Der Schreck fuhr mir da plötzlich wieder
voll durch die gestressten Glieder:
„Machen diese Brüder bald
beim Blitzen nun vor nichts mehr Halt?"

Doch es wurde unverdrossen
nur ein Erinnerungsbild geschossen.
5 Euro habe ich dann eben
für das Foto ausgegeben,
wobei das schöne Bild sogar
auch gleich mitzunehmen war.
Auf das andere, wie wir wissen,
werd´ ich noch etwas warten müssen
und es wird im Nachhinein
wohl auch etwas teurer sein...

„Seiiiiitenbacher!"

Fernsehwerbung, ohne Frage,
wird mitunter auch zur Plage.
Vor nicht allzu langer Zeit
hat uns Werbung noch erfreut.

Was haben wir, kurz nachgedacht,
beim „HB-Mann" noch gelacht.
Immer noch hab´ ich im Ohr
den Song da, vom „Sarotti-Mohr"...

Heute kann man wohl indessen
die meisten Spots total vergessen.
Man unterbricht auf alle Fälle
den Film dann an der „besten" Stelle.

Der Werbefilm von „Seitenbacher"
ist hier der totale Kracher
und auf der Karriereleiter
der absolute Spitzenreiter.

Spricht man diese Werbung dann
im Bekanntenkreis mal an,
hört man, dass der Spot verschärft
fast Jeden hier auch kräftig nervt.

Die Stimme ist da wohl zudem
auch „nicht wirklich" angenehm.
Ich kann den Mann schon nicht mehr hören,
wie kann man sich dagegen wehren?

Er spricht, als ob er, in der Tat,
in beiden Backen Müsli hat,
wobei man dazu aber dann
den Dialekt nicht „outen kann".

Das „i" wird dabei ungelogen
werbetechnisch lang gezogen
und man kriegt, wenn man´s beschaut,
hier auch leichte Gänsehaut.

Das bringt mich nun sogar im Traum,
im tiefsten Schlaf noch auf den Baum
und so wird man hier danach
zu „Seiiiitenbacher" plötzlich wach.

Vielleicht will er mit diesem Treiben
auch nur im Gedächtnis bleiben.
Dieses Ziel hat er nun leicht
mit diesen Zeilen auch erreicht...

Kunststoffsäcke...

Unser Müll wird folgenschwer
jede Woche immer mehr.
Mülltrennung ist folgerichtig
für die Entsorgung äußerst wichtig.

Hier hat man zu diesem Zwecke
dünne gelbe Plastiksäcke.
Da hinein in diesem Fall
sollen Kunststoff und Metall,
doch leider gibt es da zudem
mit dem Nachschub ein Problem.

Eigentlich soll unbenommen
man die im Supermarkt bekommen,
doch leider sind in diesem Falle
die gelben Säcke sehr oft alle.

Trotzdem kauft man allgemein
noch dies und das im Laden ein
und man versucht halt daher morgen
die gelben Säcke zu besorgen.

So sucht man deshalb im Verlauf
den Laden dann auch öfter auf.
Sollte da zu diesen Zwecken
ein System dahinter stecken?
Sind sie da, dann werden eben
die Rollen einzeln ausgegeben,
angeblich weil man sie, man stutzt,
sonst noch zweckentfremdet nutzt.

Da fragt man sich doch sorgenvoll,
wie man die Dinger nutzen soll,
wenn das Säckchen hier doch meist
schon bei Joghurtbechern reißt.
An Metall, man kann´s sich schenken,
ist da oft nicht mal zu denken,
sonst hat man in der letzten Phase
den ganzen Segen auf der Straße.

Man fragt sich daher, wie man dann
die zweckentfremdet nutzen kann?
Vielleicht setzt man allgemein
sie bei der Kinderparty ein
und man hätte daher schon
den „gelben Landkreis-Luftballon"...

Ein Markt, Wind und ein paar Tüten...
Auf geht´s Männer, nicht geklagt,
in Lafferde ist wieder Markt!
Ganz besonders gut gefällt
so etwas der Damenwelt.
Dazu braucht man einen Deppen,
um das Zeugs nach Haus zu schleppen.

So geht es dann folgenschwer
die Straße einmal hin und her.
Der Hinweg ist da noch zudem
locker, leicht und angenehm,
denn dies und das kauft man dann fein
natürlich auf dem Rückweg ein.

Ein Gaukler lockert im Verlauf
dazu die Geschichte auf.
Er bietet seine Künste feil
3 Meter hoch auf einem Seil,
wobei der Wind, kurz nachgedacht,
einige Probleme macht.

Mit Rückenwind hat man dann leicht
Gunnar Axthelm bald erreicht.
Der sammelt hier für den Verein
der Burg Steinbrück Spenden ein,
was natürlich dazu führt,
dass man ihn passend kostümiert.
Dazu gibt es dann am Ende
ein tolles Foto gegen Spende...

Kulinarisch bietet man
danach Wildschweinbraten an.
Dazu gibt es wohl als Gag
aus dünnem Kunststoff ein Besteck.
Meiner Liebsten bricht dann knapp
vorm Genuss die Gabel ab,
worüber ich dann herzlich lache
und noch ein paar Sprüche mache.

In dem Moment, man sollt´ es twittern,
hör´ ich meine Gabel splittern,
wobei mir dann nach diesem Treiben
ohne Stil zwei Zinken bleiben.

Der Wind erfasst dann immer schneller
auch noch meinen Kunststoffteller
und so ist in hohem Bogen
der Rest vom Braten weggeflogen.

Mir ist dann zu den Belangen
der Spaß am Essen glatt vergangen.

Ein Hof mit Tieren hebt sodann
die Stimmung aber wieder an,
denn man konnte hier soeben
eine Tiergeburt erleben.
In einem Kasten kommt dabei
ein kleines Küken aus dem Ei.
Bei meiner Liebsten gibt's zum Ziele
nun mütterliche Hochgefühle.

Doch für mich steht dazu dann
als Hochgefühl der Rückweg an,
denn nun sammelt man dann fein
das Gesehene auch ein.
Ich kriege nun in großer Güte
für 10 Euro manche Tüte.
Als letztes kommt dann im Verlauf
10 Kilo Obst noch obendrauf.

Schweißgebadet kommt man dann
bei Gunnar Axthelm wieder an.
Der spendet freundlichen Applaus:
„Vorhin sahste besser aus!"

So wird der Rückweg allemal
dem Lastenträger hier zur Qual,
doch nächstes Jahr, wie dem auch sei,
sind wir wieder mit dabei.

Fluch der Technik

Früher hat man, weil es nutzt,
die Zähne noch von Hand geputzt.
In unserem Badezimmer steht
nun ein elektrisches Gerät.
Ein Kasten, wo die Bürste dann
sich selbst elektrisch laden kann.
Leider passt da im Verlauf
auch nur eine Bürste drauf
und so steht oft meine eben
hochkant tatenlos daneben.

Neulich bin ich in der Nacht
durch ein Summen aufgewacht,
was melodisch wundersam
aus dem Badezimmer kam.
Die Bürste lief da folgenschwer
auf der Konsole hin und her
und summte dazu immerhin
Technolieder vor sich hin.

Schließlich sollte es mir glücken
auf ihren Gummiknopf zu drücken,
wo sie dann friedlich auch danach
die Wanderung kurz unterbrach.

Das Spielchen hat sie, ungelogen,
dann noch dreimal durchgezogen.
Man ist froh, wenn in der Tat
man 'ne Elektrobürste hat
und man ist, um's mal zu nennen,
an Augenrändern zu erkennen...

Am nächsten Morgen sollt´s mir glücken,
ihr Zahnpasta aufs Rad zu drücken,
doch mittendrin da sprang sie dann
ohne Knopfdruck plötzlich an.
So hatt´ ich nach der Technik Wille
das ganze Zeugs dann auf der Brille.

Die Bürste geht nun voll im Saft
fast täglich noch auf Wanderschaft
und entwickelt dabei eben
ein gewisses Eigenleben.
Vielleicht gelingt´s aus diesen Gründen
sie in den Haushalt einzubinden
und es sollte doch auch glücken
sie mal zum Bäcker hinzuschicken.
Sie könnte so am Sonntagmorgen
mal zwei Brötchen kurz besorgen...

Technik

Mit der Technik hier im Haus
kenn´ ich mich bald nicht mehr aus
und man fragt sich, wozu lohnen
vielerorts hier die Funktionen?

Neulich klingelte nun schon
morgens früh das Telefon.
Ich nahm das Ding dann auch galant
vorschriftsmäßig in die Hand
und es sollte mir noch glücken
den Knopf für den Empfang zu drücken.

Allerdings sprang danach dann
direkt die Flimmerkiste an,
denn ich hatte nach wie vor
die Fernbedienung da am Ohr.

Auch das Handy ist zudem
technologisch ein Problem.
Ich weiß, dass mit dem Handy man
sogar fotografieren kann.
Nun wird da seit ein paar Tagen
die Bundesliga übertragen.

Die Funktion kennt ganz genau
dazu nur meine liebe Frau,
denn ich habe da zudem
handytechnisch ein Problem.
Ich versuchte mich mit ihrem
Handy neulich zu rasieren.

Irgendwie fehlt mir ein Stück
funktioneller Überblick,
zumal ich nun als alter Knabe
sogar einen Laptop habe.
Mit dem hab´ neulich ich galant
direkt die CD gebrannt.
Die konnt´ ich hinterher verspeisen,
denn ich hatt´ das Waffeleisen…

Man sollte doch bei diesem Treiben
noch ein neues Büchlein schreiben.
Der Titel wär´, kurz nachgedacht,
„Technik im Alter – leichtgemacht!"

„ I – Phone"

So ein I-Phone ist an sich
der Unterhaltung förderlich,
doch kann es auch aus vielen Gründen
dieselbe einfach unterbinden.

So saß man hier zu später Stunde
abends noch in froher Runde.
Man erzählte mit viel Spaß
aus dem Leben dies und das.
Zu vielen Themen gab es schon
angeregte Diskussion.

Es wurd´ geredet und gelacht
und so mancher Spaß gemacht,
bis man plötzlich wundersam
auf das Thema „I-Phone" kam...

Wie auf Kommando, so sah´s aus,
zog jeder so ein Ding heraus
und es fummelte darum
nun jeder auf dem I-Phone rum.

Es wurd´ gewischt, gedrückt, getippt,
das Gerät leicht angekippt.
Man phonte fleißig hin und her,
nur geredet wurd´ nicht mehr.

Man zeigte sich nun immer wilder
gegenseitig bunte Bilder.
Die konnte man direkt inzwischen
mit dem Finger weiterwischen.

Ich saß nun so, wie dem auch sei,
ziemlich tatenlos dabei,
weil ich doch als alter Knabe
immer noch kein I-Phone habe.

Daher zog ich mich zum Glück
mit dem jüngsten Kind zurück,
um ihm mal, da bin ich eigen,
mein Fotoalbum vorzuzeigen.
„Mensch Opa", hörte ich sie fragen,
„bist du das, da im Kinderwagen?"

Sie wollte nun zu dem Geschehen
wohl noch weiter Bilder sehen,
denn sie wischte nun darum
mit dem Finger drüber rum.
Doch die Technik, leicht betagt,
hat in diesem Fall versagt...

Internet-Späße

Wichtig ist dem Menschen schon
meist die Kommunikation.
Früher hat, es macht betroffen,
man sich noch zum Gespräch getroffen,
doch heute wird da nicht zuletzt
das Internet voll eingesetzt.

Allerdings wird, ohne Frage,
die Geschichte auch zur Plage,
wenn wir voller Frust entdecken,
es sind 100 Mails zu checken.

Die Kiste ist, was nicht so toll,
wohl mal wieder rappelvoll.
Wirklich wichtig sind dabei
aber allerhöchstens drei.

Der Rest besteht da nach wie vor
aus bunten Bildchen und Humor,
den man lächelnd dann verzückt
an 30 Leute weiterschickt.

Doch irgendwann wird schreckerfüllt
man mit Humor voll zugemüllt
wobei man oft, was nicht gefällt,
den gleichen Witz dreimal erhält.

Der Absender hat, wie es scheint,
das Ganze sicher gut gemeint,
doch früher ging er dabei schneller
noch selbst zum Lachen in den Keller.

So ging diese Sache meist
mir nun langsam auf den Geist
und ich hab, es macht betreten,
mir diese Mails nun auch verbeten,
weil ich da als alter Knabe
einfach keine Lust mehr habe.

So macht nun als frohe Kunde
wahrscheinlich ein Verdacht die Runde,
dass es mir, so wird erzählt,
an Humor wohl gänzlich fehlt.
Doch Humor, kurz nachgedacht,
ist auch, wenn man trotzdem lacht....

„Schnäppchen"

Im Internet, da bietet man
gerne ein paar Dinge an,
denn es lebt vom steten Wandel
per Computer hier der Handel.
So habe ich, man kann´s sich denken,
auch ein paar Dinge zu verschenken,
was der Schnäppchenjäger dann
sich hier in Telgte holen kann.

Ich habe da mit Kennermiene
die Tür von einer Waschmaschine
und ich biete nach wie vor
auch gut 2 Meter Plastikrohr.
Außerdem biet´ ich sodann
noch drei Autoreifen an.
Einer ist da, ungelogen,
noch auf Felge aufgezogen.
Ein paar Flaschen, wo man dann
auch noch Pfand bekommen kann
und für die Nacht hätt´ ich dabei
ein Bettlaken in 1x2.
Dazu, als weihnachtlichen Traum,
hab´ ich einen Tannenbaum,
dem dabei, nicht zu verhehlen,
nur leider ein paar Nadeln fehlen.

Nun bleibt mir noch, mit ein paar Zeilen
die Adresse mitzuteilen,
wo man sich den Krempel dann
ganz ohne Kosten holen kann:
Das alles ist aus guten Gründen
in unserer Feldmark vorzufinden

und liegt da als perfektes Bild
gleich hinter dem Naturschutzschild!
Den ganzen Dreck hat man beflissen
da in die Natur geschmissen.
Ich wünsch´ den Tätern jedenfalls
glatt die Krätze an den Hals...

Alles Käse!

Bei uns hat es vor Wochen eben
einen Stromausfall gegeben,
wobei ich mir nun zu der Sache
immer noch Gedanken mache:

Aus Tschechien stammt immerhin
meine Lebenspartnerin
und so sucht sie im Verlauf
gerne ihre Heimat auf.
Diesmal brachte sie als Hit
eingelegten Käse mit,
den ihre Freundin da gepflegt
wohl schon vor Jahren eingelegt...

In dickem Öl schwamm da auch pur
Stück für Stück der Romadur.
Es leuchteten nun unbesehen
darin noch 6 Knoblauchzehen
und in der dicken Lake sah
ich Zwiebeln und auch Paprika.
Pfefferkörner, nicht zu knapp,
rundeten die Sache ab.

Natürlich sollte ich nun ihren
Festgenuss auch mit probieren,
wobei mir mächtig der bekannte
Käse auf der Zunge brannte.
Nach 4 Tagen, Stück für Stück,
blieb die Lake nur zurück.

Irgendwie war dabei nicht
der Verschluss da richtig dicht
und durch die Küche, nicht zum Schaden,
zogen dichte Knoblauchschwaden.

Das leere Glas sollt ich dann morgen
einfach in den Müll entsorgen:
„Die gute Lake kippst du so
am besten heut´ noch schnell in´s Klo!"
Durch den Gestank war mir nun klar,
dass es wohl ein Notfall war.
Nachts um 11 hab´ ich gezielt
die Brühe nun in´s Klo gespült.

In dem Moment fiel hier im Haus
glatt die Stromversorgung aus.
Ich hörte meine Chefin munkeln:
„Alles liegt ringsum im Dunkeln!"
Hat ihr Käse nun gepflegt
die Stromversorgung lahm gelegt?

Ich kam nun zu solchen Übeln
selbstverständlich auch in´s Grüben:
Wie ist das, in allen Ehren,
physikalisch zu erklären?

Nach 10 Minuten ging sodann
die Beleuchtung wieder an.
In der Toilette roch es nur
2 Tage noch nach Romadur...

Gesprächsbedarf...

Wichtig ist, ganz ohne Frage,
heute die Personenwaage.
Wir haben uns da nun gepflegt
ein Ding mit Sprache zugelegt,
wo eine Dame, wie man ahnt,
zum Konsumverzicht ermahnt.

Da habe ich natürlich eben
mein „Kampfgewicht" dann eingegeben
und das Ganze auch nach oben
zur Sicherheit leicht angehoben...

Im Sommer wird man, nicht zum Schaden,
zum Grillen auch gern eingeladen.
Hier habe ich daher indessen
auch zunächst Salat gegessen,
doch schließlich, komme was da wolle,
verlor ich etwas die Kontrolle:
Zwei Steaks, drei Würstchen und als Knüller
danach einen Schinkengriller
und natürlich gab es hier
gut gekühltes Härke-Bier.
Der Obstler macht die Sache rund,
denn Obst ist allgemein gesund.

Früh am Morgen, nach der Sause,
ging es leicht beschwingt nach Hause,
wo ich plötzlich wundersam
noch etwas Appetit bekam.
So schmierte ich mir ohne Not
noch ein Harzer Käsebrot
und versuchte, im Vertrauen,
mir noch Fußball anzuschauen.

Es hielt mich auch zunächst danach
die Tafel Schokolade wach.
Dann hab´ ich Erdnüsse verdrückt
und bin etwas eingenickt.

So wachte ich dann im Verlauf
erst am späten Morgen auf.
Mein Magen fühlte sich nicht recht,
eins von den Bierchen war wohl schlecht.

Meine Liebste, wie man´s nimmt,
war wohl auch noch leicht verstimmt
und so habe ich mich eben
direkt zur Waage hinbegeben:

Mal hören, was da ungefragt
die Dame von der Waage sagt!
Die war wohl sauer und darum
blieb sie dementsprechend stumm.
Wahrscheinlich hat´s in jenen Tagen
ihr auch die Sprache glatt verschlagen!

Pokemon Go

Bei uns sind nun schon seit Wochen
die Pokemons wohl ausgebrochen.
So fängt die Jugend allgemein
in der Stadt die Monster ein.

Eh die Begeisterung verpufft,
treibt es die Jugend an die Luft,
wobei da Mädels und die Knaben
das Handy vor der Nase haben.

Es lohnt sich nicht, bei dem Geschehen
mal nach links und rechts zu sehen.
So ein Jugendlicher passt
dann direkt zum Laternenmast.
Vielleicht kann es noch gelingen,
da ein paar Kissen anzubringen.

Auch der Friedhof, mit Gekicher,
ist vor den Pokemons nicht sicher,
doch da hört wohl im Verlauf
der Spaßfaktor ein wenig auf.
Pietätlos ist da schon
die Jagd aufs Geister-Pokemon.

So sind nun die Handy-Knappen
unterwegs auf Schusters Rappen
und das ist, wie dem auch sei,
der größte Vorteil wohl dabei.

Doch eh wir hier noch ganz erkalten,
das Pokemon trifft auch die Alten.
Neulich war man, nicht zum Schaden,

bei Bekannten eingeladen
und natürlich trank man hier
das eine oder andere Bier.
Zur Verdauung bot man dann
was aus kleinen Gläsern an.

Ich habe dann nach dem Geschehen
direkt ein Pokemon gesehen,
obwohl ich doch als alter Knabe
immer noch kein Handy habe...

"Oberschüler"

Die Bildung ist doch folgerichtig
für die Jugend äußerst wichtig.
So beunruhigt uns enorm
doch wieder mal die „Schulreform".

Es sollen hier bei diesem Treiben
 zwei Schulen auf der Strecke bleiben
und man löst da im Verlauf
vielleicht die „Mittelschule" auf.

Stattdessen soll man hier auf Erden
dann direkt „Oberschüler" werden.
Vielleicht plant man dazu eben
auch das Niveau hier anzuheben,
wobei ich da, als alter Knabe,
doch einige Bedenken habe.

Gerne schau ich dazu auch
das Montagsquiz mit Günter Jauch.
Man erhält, ganz interessant,
so Einblick in den Bildungsstand
und man fragt dann auch an sich,
was lernen die da eigentlich??

Geographisch ist dabei
man scheinbar völlig bildungsfrei.
Geschichte, Staats - und Bürgerkunde
machen auch nicht mehr die Runde.

Man ist nur, wie man da hört,
„computermäßig" aufgeklärt.
Man lernt noch, wenn es pressiert,
wie das I-Phone funktioniert,
ansonsten bleibt zu diesem Zwecke
die Bildung völlig auf der Strecke.

Vielleicht seh´ ich, das wär wichtig,
einiges auch nicht ganz richtig
und es klärt mich im Verlauf
irgendjemand dazu auf,
denn gerne lernt man ab und zu
auch im Alter noch dazu...

Garantie

In unserem Haushalt gibt es eben
Geräte, die „den Geist aufgeben"
und als Rentner hofft man dann,
dass man sie reparieren kann.

Wenn man Glück hat, haben die
noch ein paar Tage Garantie,
doch meistens lief sie dabei knapp
vor der Geschichte einfach ab.

Es empfiehlt sich, sich deswegen
einen Kalender anzulegen,
wo man einträgt, bis da wann
was kostenfrei passieren kann.
Zwei Tage später im Verlauf
gibt das Gerät dann meistens auf...

Der Kundendienst ist auf die Schnelle
auch gleich hilfsbereit zur Stelle,
doch erntet man da ohne Mucken
meistens nur ein Achselzucken
und man hört, dass wohl dabei
nichts mehr zu reparieren sei.

Die Kosten hier, da ist man eigen,
würden den Wert glatt übersteigen
und man hätt´, wie es so geht,
zufällig ein Neugerät.
Das bekäm´ man „fast geschenkt",
ein Schelm, wer Schlechtes dabei denkt...

Morgen werde ich mit Fluchen
meinen Hausarzt mal aufsuchen,
weil ich da als alter Knabe
Probleme mit den Händen habe.
Ich hoffe nur, es haben die
Finger dann noch Garantie...

Fingergymnastik

Ach, wie war es wunderbar,
als man noch jung und knackig war.
Heute knackt in diesem Fall
es nun scheinbar überall.
Bei mir sind da, ich sag´ es offen,
die Finger voll davon betroffen
und so knacken folgenschwer
sie manchmal wenig, manchmal mehr...

Der Hausarzt sprach bei dieser Chose
von beginnender Arthrose.
Das ist hier, wie ich nun weiß,
ganz natürlicher Verschleiß
und Gegenmittel offenbar
bei der Geschichte ziemlich rar.

Man fragt sich daher, wie man dann
der Sache noch begegnen kann.
Schließlich sind doch folgerichtig
die Finger äußerst lebenswichtig.
Bei solchen Dingen, nicht geklagt,
sind oft Hausmittel gefragt.

So soll man sie zu diesen Zwecken
nun in warme Hirse stecken,
doch wo kriegt man, bitte sehr,
ständig warme Hirse her?

Mein Hausarzt hat mir unverhohlen
nun Gymnastik da empfohlen
und es hielte mich gesund
ein Gegenstand, der weich und rund...

...Was fällt da wohl im Nachhinein
dem normalen Manne ein???

Wozu hat man immerhin
eine Lebenspartnerin?
Doch mein Vorschlag, wie erwähnt,
wurde schnöde abgelehnt.
So dient nun in diesem Fall
als Ersatz ein Gummiball...

Brillenprobleme

Die Brille ist wohl folgerichtig
für den Alltag äußerst wichtig.
Einmal, um das Zeitgeschehen
verhältnismäßig scharf zu sehen,
zum andern setzt man im Verlauf
sich da in der Toilette drauf...

So ist sie da zu diesen Ziel
meist aus Kunststoff und stabil,
was man zur Halterung sodann
wohl nur selten sagen kann.
Das Prinzip, wer will´s bestreiten,
stammt da noch aus alten Zeiten:

Man hat per Hand oder auch Zange
hierzu die Gewindestange.
Die dreht man dann, so soll es sein
mit einer Drehung kurz hinein.

Das Gewinde ist recht kurz.
Dem Hersteller ist das wohl schnurz
und es wackelt folgenschwer
die Stange nun auch hin und her.
Nun ergänzt das Wackelding
zur Halterung ein Gummiring.
Von unten hat, man mag´s kaum glauben,
man dann noch zwei Plastikschrauben.

So ist man wohl vor vielen Jahren
zu Kaisers Zeiten schon verfahren
und so gibt hier im Verlauf
die Halterung auch manchmal auf.
Meist ist da als Frustgewinn
dabei das Gewinde hin.
Das macht dann am Sonntagmorgen,
wenn Besuch kommt, große Sorgen.

Was ist, wenn sich da zuletzt
Tante Erna einmal setzt,
was, wenn sie den Halt verliert,
zur völligen Enterbung führt...
Man stellt fest, dass in der Tat
die Technik ihre Tücken hat.

Sommerabend

Wie erholsam und erlabend
ist doch so ein Sommerabend,
besonders, wenn man dann und wann
noch im Garten sitzen kann.
Empfehlenswert ist allgemein
dazu noch ein Gläschen Wein

und so genießt der Rentner eben
noch ein Stück von Rentnerleben.

Im Kirschbaum singen da apart
auch noch Vögel aller Art
wozu dann auch, schnell und prompt,
das Hörgerät zum Einsatz kommt...

Doch plötzlich bläst zu diesem Zweck
es mir fast den Gehörgang weg.
Zwei Straßen weiter, ungelogen,
sind junge Leute eingezogen
und so wird die ganze Nacht
fürchterlich Musik gemacht.

Wumm, wumm, wumm, die Bässe dröhnen,
der Belag fällt von den Zähnen.
So muss nun der Rentner lernen,
das Hörgerät schnell zu entfernen,
was am Ende nicht viel nützt
und nicht vor Heavy Metall schützt.

So ist hier nun unbesehen
das eigene Wort nicht zu verstehen
und man nimmt nun affengeil
direkt an der Feier teil.

Dazu hör ich, wie im Fieber,
aus den Gärten gegenüber
wie eine Truppe, leicht beschwingt,
irgendwas auf russisch singt.
Im Nachbargarten zündet man
noch schnell ein paar Raketen an.

Schließlich fährt, direkt am Ohr,
dazu noch ein Auto vor.
Die Scheiben runter, weil man dann
die Bässe besser hören kann.

Wie erholsam und erlabend
ist doch so ein Sommerabend...

„Nutella...oder was?"

Hin und wieder, im Verlauf,
suchen uns die Enkel auf.
Mit dem Opa gibt´s zudem
bei der Ernährung ein Problem,
denn ich stehe kerzengerade
auf selbst gemachte Marmelade,
die wir da als Liebesgaben
glasweise im Keller haben.

Doch die Jugend fordert dann
beim Frühstück nur Nutella an.
 „Mensch Opa, haste kein Nutella?!"
 „Kinder, bin ich Rockefeller?"
Meist muss dann noch am Morgen
den süßen Krams ganz schnell besorgen...

...Des Gärtners allergrößte Wonne
ist die gefüllte Regentonne,
vorausgesetzt, das Ding ist dicht.
Meine war das leider nicht.

Im Restemarkt sah ich mir dann
preiswert eine Neue an.
So eine blaue hat es eben
schon zu meiner Zeit gegeben,
wobei sie aber offenbar
größer als die alte war.
Ich war nicht sicher, ob die Last
nun auch in mein Auto passt.

Die Verkäuferin bot dann
freundlich Unterstützung an
und gemeinsam, im Vertrauen,
konnten wir das Ding verstauen.
Ich hörte, dass wohl offenbar
Nutella vorher darin war.

Zu Hause hab´ ich mit Bedacht
auch gleich den Deckel aufgemacht
und schon schlug mir da deswegen
der Nutella – Duft entgegen.

In der Tonne klebte fest
noch ein ziemlich großer Rest.
Das hätte sicher auch noch leicht
für ein Geburtstagsfest gereicht.

Die Tonne habe ich gezielt
mit dem Schlauch gleich durch gespült
und kroch dann, so soll es sein,
mit dem Schwamm da auch noch rein.
So habe ich mich, unumwunden,
im Nutella – Rausch befunden.
Sowas wäre wohl nicht minder
nur ein Spaß für Enkelkinder.

Wohin nun, nach aller Mühe,
mit dem Rest Nutella – Brühe?
Ich kippte den Nutella - Traum
direkt an den Apfelbaum,
was den Äpfeln aber dann
hoffentlich nicht schaden kann.
Ich hoffe, dass zu diesen Zwecken
die nun nicht nach Nutella schmecken...

Vermehrung

Froh ist man hier in der Stadt,
wenn man einen Garten hat.
Auch ein Fischteich ist zudem
erholsam und recht angenehm.

Der Fischbestand wurd´ ungeniert
von einem Reiher „kontrolliert".
Der hatte aber nun indessen
sich hier etwas überfressen,
denn es war in kurzer Zeit
der ganze Teich von Fisch befreit.
Ein Kunststoffreiher, gut gelaunt,
hat das Geschehen stumm bestaunt...

So habe ich voll Sachverstand
nun auch einen Draht gespannt.
Daran baumeln kreuz und quer
4 CD´s da hin und her.

Es blinkt hier jetzt voller Wonne
„Silbereisen" in der Sonne.
Scheinbar hat das Reiherpack
neben Hunger auch Geschmack.

Die Volksmusik ging allgemein
dem Reiher wohl durch Mark und Bein,
denn vor Schreck ist ungelogen
der Vogel dankend abgezogen.

So bleibt mein Fischbestand verschont,
was man mit „Vermehrung" lohnt.
Man entwickelt daher eben
nun ein gezieltes Liebesleben.

So erlebt mein Teich nun schon
wohl die 4. Generation,
wobei die Zählung offenbar
dabei auch sehr schwierig war.

Es wollte mir auch nicht gelingen,
Rückennummern anzubringen,
doch es müssten allgemein
inzwischen etwa 50 sein,
die ich nun als alter Knabe
im Sommer durchzufüttern habe.

Natürlich ist dabei zudem
die Verdauung ein Problem,
denn es gibt hier ebenso
für die Fische auch kein Klo,
so das ich dringend hier zum Schluss
den Fischbestand verringern muss.

Also, wer nimmt mir vorab
kostenfrei nun Fische ab?
Es eignet sich dabei indessen
so ein Goldfisch nicht zum Essen.
Auch ein Würzen des Gerichts
und braune Butter bringt da nichts.

Es müsste schon, man sieht es ein,
ein kleiner Teich vorhanden sein...

Fensterputzen und Sonnenfinsternis

Wieder mal, laut sei´s geklagt,
ist nun Hausputz angesagt.
So gilt es auch beim Fensterputzen
die Sonnentage auszunutzen.

„Im Alter" fällt nun immer mehr
das Fensterputzen etwas schwer
und so wird zu guter Letzt
hier der Rentner eingesetzt.

Natürlich schob ich im Verlauf
die ganze Sache etwas auf:
„Warten wir doch damit bis
zur großen Sonnenfinsternis.
Man kann dann dabei das Geschehen
bei dunklem Fenster besser sehen!"

Leider ist, wie dem auch sei,
die Finsternis nun längst vorbei
und so musste ich sodann
auch in dieser Woche ran.

Das Verfahren, gar nicht schwer,
kenn´ ich noch von der Bundeswehr,
doch statt viel Wasser, ungelogen,
ist hier die Technik eingezogen.

So wurde mir, was nicht verkehrt,
das Fensterputzgerät erklärt
und die Scheibe war dabei
danach auch fast „streifenfrei".
Natürlich nahm ich noch vorab
zum Waschen die Gardinen ab
um sie dann, befreit von Zwängen,
wieder tropfnass aufzuhängen.

Leider hatte ich indessen
den zweiten Haken glatt vergessen.
Beim nächsten mal mit Kennermine
war einer in der falschen Schiene.
Dazu war, auch wenn es eilt,
die nächste Schiene dreigeteilt
und so rutschte mit Applaus
im Zwischenraum ein Haken raus.

Dabei wurde wundersam
der rechte Arm nun ziemlich lahm,
doch ich hatte immerhin
das schon nach acht Versuchen drin.

Froh bin ich, dass ich alter Knabe
nun davor erstmal Ruhe habe.
Damit warte ich nun bis
zur nächsten Sonnenfinsternis.
Die ist nun, wie wir erfahren,
wahrscheinlich erst in gut 10 Jahren...

Grundgebühr

Ein Problem ist scheinbar hier
die Schmutz – und Abwassergebühr.
Es machte einst die frohe Kunde
bei uns in Peine schon die Runde,
dass zum Vorteil von uns allen
die Gebühren auch mal fallen.

Doch die Freude hielt hier dann
wieder mal nicht lange an,
denn als „Ausgleich" plant man hier
nun eine neue Grundgebühr,
so dass zum Schluss, da ist man eigen,
die Kosten für den Bürger steigen.

Man sollte schleunigst daran denken,
die Fixkosten nun abzusenken.
Als Rentner überlegt man dann,
wo man noch Wasser sparen kann:

Bei Hund und Katze schafft vorab
man sofort den Saufnapf ab,
denn frisches Wasser gibt es gleich
nebenan im Gartenteich.

Das Blumengießen, das muss sein,
stellt man selbstverständlich ein.
Bei Regen muss in diesen Tagen
das „Grünzeug" man nach draußen tragen.

Die Toilette wird gezielt
einmal täglich noch gespült
und das Geschirr lässt sich, wir stutzen,

sicherlich auch zweimal nutzen.
Man erkennt nun folgenschwer:
Täglich duschen ist nicht mehr
und man führt ganz allgemein
das „Wannenbad" von früher ein:

Einmal im Monat, das war toll,
machte man die Wanne voll
und die Familie stieg dann fein
zum Bade nacheinander ein.

Als Jüngster war ich damals dann
natürlich auch als letzter dran,
wobei das Wasser offenbar
dann schon „etwas trübe" war.
Man sollte sich hier nicht genieren,
das Brauchtum wieder einzuführen...

Es weihnachtet sehr

Im September, ohne Frage,
gibt es auch noch warme Tage
und es lockt zu Badezwecken
im Garten noch ein Planschebecken.

Da vergnügten sich nicht minder
im Sommer noch die Enkelkinder,
doch das Wasser ist nun bald
hin und wieder etwas kalt.
Es widerstrebt mir voll Vertrauen
den Pool nun einfach abzubauen
und es gelingt, hier bin ich eigen,
noch jeden Morgen rein zusteigen...

Nun mussten wir am frühen Morgen
bei Aldi dies und das besorgen
und mir fielen im Verlauf
da die Weihnachtssachen auf.

Spekulatius und Herzen,
hier und da auch schon mal Kerzen.
Marzipan und Mandelkern
isst man schon im September gern
und man kann es nicht erwarten,
hier das Geschäft schon mal zu starten.
Ich mache diesen Weihnachtshit
aber garantiert nicht mit!

Plötzlich , ohne nachzufragen,
liegt da das Gebäck im Wagen.
Es lohnt sich aber nicht beizeiten
nun mit der Liebsten sich zu streiten
und Spekulatius am Pool
schmeckt vielleicht besonders cool...

Schimanski´s Jacke

Schauspieler sind, ohne Frage,
die Helden unserer alten Tage.
Götz George war da schon
eine Riesenattraktion
und so wird, nicht zu verhehlen,
der „Schimmi" vielen von uns fehlen.

Zwar glänzte er in vielen tollen
und auch anspruchsvollen Rollen,
doch der Schimmi, den wir lieben,
war ihm auf den Leib geschrieben.

Die Actionszenen sind inmitten
der Krimis weiter fortgeschritten,
doch fehlt mir da in dieser Zeit
inzwischen oft die Menschlichkeit.
Davon hat uns Schimmi eben
sogar im Tatort was gegeben.

In den Achtzigern zog man
sogar Schimanski Jacken an.
Für Tabak, Flachmann und die Hände
gab es da Taschen ohne Ende.
Dabei war sie noch zudem,
lässig, locker und bequem...
Die habe ich dann, ungelogen,
wohl 20 Jahre angezogen,
bis sie plötzlich wundersam
in die Altkleidersammlung kam.

So holte ich das gute Stück
zweimal aus dem Sack zurück,
was meine Liebste, in der Tat,
wohl irgendwie geärgert hat.
So war die Stimmung leicht getrübt,
weil doch nicht Jeder Schimmi liebt...

Als Kompromiss zog ich sie dann
noch bei der Gartenarbeit an.
So kommt es, dass bei uns noch spät
der Schimanski Rasen mäht.

Doch aufgemerkt und keine Sorge,
ich denk dabei an Götz George...

Ein Zelt im Baum

Mein Nachbar hatt´ für gutes Geld
ein riesengroßes Partyzelt.
Drei mal sechs Meter hatten schon
gewisse „Partytradition"...

Am Freitag hat es da wohl eben
einen „kleinen" Sturm gegeben
und so wurde nun nach oben
das Partyzelt leicht angehoben
wonach es völlig unbeschwert
den Gartenzaun kurz überquert.
Mein Rosenbogen war zum Zweck
Verschönerung dann auch gleich weg,
die Wäschespinne, weil´s pressiert,
wurde völlig abrasiert.

Es landete, man glaubt es kaum,
dann oben auf dem Apfelbaum,
wo es dann auch wundersam
irgendwie zur Ruhe kam
und statt Bratwurst wird es eben
zur nächsten Party Äpfel geben.
Es half nun auch mit voller Kraft
die gesamte Nachbarschaft
das Partywrack da unverhohlen
wieder aus dem Baum zu holen.

Leider war, wie dem auch sei,
nur der „Hausherr" nicht dabei,
weil ich da trotz Sturmgefahr
noch zu einer Lesung war.
Ich hatte dazu, weil es eilt,
den Ort dazu nicht mitgeteilt
und mit Handys da zudem
„immer noch ein Grundproblem".

Nachts um zwölf war so dabei
nun auch das meiste schon vorbei.

Es empfing mich immerhin
meine Lebenspartnerin
kaputt, gestresst und voll geschlaucht:
„So ist es, wenn man **dich** mal braucht!"

...Die Apfelernte hier am Haus
fällt nun etwas kleiner aus
und als Erkenntnis bleibt hier nur:
Klein ist die Frau, groß die Natur!!

Den Ameisen auf der Spur

Am nächsten Sonntag geht es halt
hier in Peine in den Wald.
Die Kreisvolkshochschule und
der örtliche Naturschutzbund
erforschen dann im Walde eben,
wie die Ameisen so leben.
Nicht immer wird aus vielen Gründen
man da einen Haufen finden...

Klappt das nicht, hab´ ich zur Not
ersatzweise ein Angebot,
weil ich als besondere Gabe
die Tierchen in der Küche habe
und so hätte man darum
ein Völkchen hier zum Studium.

Vielleicht kann ich auch dabei lernen,
die Viecher schmerzfrei zu entfernen.
Als altes Hausmittel da nimmt
man einfach Backpulver und Zimt,
doch das hat hier nun über Nacht
nur mäßigen Erfolg gebracht.
Vielleicht hat man, weil es gefällt,
auch Muffins davon hergestellt.

Als nächstes, da probierten wir
es mit ´nem Teller voll mit Bier,
was bei den Tierchen, weil´s pressierte,
zu einer tollen Feier führte.
3 Viecher fanden in der Not
dabei einen schönen Tod.
Die anderen waren offenbar
nach 2 Tagen wieder klar.

Es gelang, aus diesen Gründen,
mir einiges herauszufinden:
Nach der Hochzeit geh´n betreten
dem Männchen da die Flügel flöten
und man erkennt dazu beizeiten
zum Menschen da schon Ähnlichkeiten.

Als Staatsform dazu haben sie
eine strenge Monarchie
und es regiert sie immerhin
mit fester Hand die Königin.
Die geht dabei über Leichen,
man kann´s mit „Angela" vergleichen.

Sicherlich, kurz nachgedacht,
wär´ ein Gespräch da angebracht,
Leider hab´ ich unbenommen
keine Audienz bekommen,
doch vielleicht löst mir da zudem
der VHS - Kurs das Problem...

Mistwetter!
Letzte Woche lag man cool
mit Weizenbier im Swimmingpool,
doch das Planschebecken hat
inzwischen nur noch 16 Grad.

Da denkt man doch, wer will´s bestreiten,
an die alten Freibadzeiten,
doch im August, man sieht es ein,
muss das eigentlich nicht sein...

Abends hockt man, wie zum Trotze,
im Pullover vor der Glotze
und voller Frust schaut man sich dann
dazu die Wetterkarte an.

Hier löst weiter kurz und knapp
das eine Tief das andere ab.
Bei Kachelmann, da hätt´ es eben
früher sowas nicht gegeben...

Frauen sind, das weiß der Kenner,
da noch empfindlicher als Männer
und so muss man voll Vertrauen
schon mal „nach der Heizung schauen".

Da sitzt die Umwälzpumpe fest,
was sich nicht beheben lässt
und so kommt hier im Verlauf
echte „Herbstzeitstimmung" auf.
Man stimmt mit Wolf Biermann ein:
„Das kann´s noch nicht gewesen sein!"

Bei Aldi räumt man folgenschwer
schon mal die Regale leer
und man macht da als Besatz
schon für die Weihnachtsmänner Platz.
Spekulatius ist bald Pflicht,
früher gab es sowas nicht!

Bei Adenauer hat es eben
solche Sommer nicht gegeben!
Schuld hat daran immerhin
wieder mal die Kanzlerin...

Doch egal, wie man es nimmt,
das nächste Hoch kommt ganz bestimmt
und so wird man bald indessen
das miese Wetter schnell vergessen.

„Sale!"

Nach Braunschweig fuhr ich ohne Klage
mit der Gefährtin meiner Tage,
denn sie hatte immerhin
da morgens einen Arzttermin.

Hinterher ging´s nicht zum Schaden
kurz noch in die Schloss-Arkaden,
weil man da sicher dann und wann
ein kleines Frühstück nehmen kann.

Zu diesem Zwecke gab es da
ein Breakfast made in USA
und als Getränk dazu gottlob
etwas aus dem Coffee – Shop.

Überall zu diesem Treiben
stand da „Sale" auf allen Scheiben.
So erkennt man ungeübt,
dass es da was zu kaufen gibt.

Mein „Girlfriend" sah sich schießlich dann
ein paar Outdoor Shoes noch an
und man merkt an dem Bericht:
English spoken war hier Pflicht.

Man sollte sich da nicht genieren,
den Langenscheidt stets mitzuführen.
Auf der Treppe sprach mich dann
noch eine ältere Dame an,
ob das Basement hier dabei
nun oben oder unten sei...

Zu Hause schlug ich im Verlauf
erst einmal die Zeitung auf,
was der Aldi, in der Tat,
heute hier zu bieten hat.

Und siehe da, es gab darob
hier Workout-Shoes und Basic Top.
Als Lebensmittel sind zudem
Hot Spiral´s derzeit angenehm.
Daraufhin walked ich lieber cool
zum Plansching in den Gummipool...

"Einheitsgedanken"

Der 3.10. ist im Land
hier als Feiertag bekannt.
Da hat man damals, ungelogen,
die deutsche Einheit glatt vollzogen,
was für viele wundersam
etwas überraschend kam.

Manche Köpfe sind dabei
noch immer nicht „barrierefrei",
doch man stellt fest, dass gut begründet,
sich deutsches doch zum deutschen findet,
so dass man diesen Tag sodann
auch gemeinsam feiern kann.

Da hat natürlich unverdrossen
das Fernsehen sich angeschlossen
und schonungslos zeigt man hier die
DDR voll Nostalgie.

Dem Zuschauer bleibt nicht viel Wahl
er sieht „den Turm" zum 4. Mal
und so holt man sich ein Stück
Geschichtsbewusstsein da zurück.

So mancher hat dabei indessen
die alten Zeiten schon vergessen,
als man damals die bewusste
Grenze noch passieren musste.

Die Kontrolle war dabei
damals eine Quälerei.

Das war dazu ungeheuer
noch gelebtes Abenteuer
und so mancher Kontrolleur
kam da wie „Graf Koks" daher.

So denkt man noch an die lange
unheilvolle Autoschlange
und man wurde ungeniert
von Ost-Beamten schikaniert.

Ähnliches kann man nun eben
auch heute noch direkt erleben:
Bringen Sie zu dem Begriff
Ihr altes Auto mal zum TÜV
und man fühlt sich nicht zuletzt
nach Helmstedt da zurückversetzt...

Zeitumstellung...

Es war wieder mal so weit,
es endete die Sommerzeit.

Man hat das eingeführt vor Jahren,
um da etwas Strom zu sparen,
doch stellte sich im Nachhinein
der Effekt wohl niemals ein.

Selbst die Bauern sind deswegen
in der Landwirtschaft dagegen
und Schwierigkeiten gab´s zum Schluss
natürlich auch bei Bahn und Bus.

Viele Leute, wie´s so geht,
kommen heute wohl zu spät
oder aber kommen die
aus diesem Grunde nun zu früh?
Immer noch muss ich deswegen
mir das länger überlegen.

Die Sommerzeit war nun zudem
so auch wirklich angenehm,
weil man länger dann und wann
abends draußen sitzen kann.

Niemand stört doch offenbar
die Sommerzeit fürs ganze Jahr
und ich frage mich, ob man
das nicht laufen lassen kann...

Der Sonntag sollte allgemein
nun der Tag des Schlummerns sein.

Schließlich steht man im Verlauf
nun eine Stunde später auf!

Doch stattdessen stand nun hier
der Hund wie immer an der Tür.
Der hatte, wie es ihm gefällt,
die innere Uhr nicht umgestellt.

So war ich „uhrtechnisch" danach
nun eine Stunde früher wach
und so stellte ich darum
im Haus die Uhren erstmal um.

Damit hab´ ich, kurz nachgedacht,
etwas länger zugebracht.
Technisch gab es da beizeiten
wie immer ein paar Schwierigkeiten.

Beim Auto gab es da zudem
noch ein weiteres Problem,
denn es war zu diesem Zweck
die Gebrauchsanleitung weg.

Das Ganze dauerte indessen
so leider bis zum Mittagessen,
weshalb ich jedes Mal aufs Neue
mich auf die Zeitumstellung freue.

Ich fordere hier kurz und knapp:
Schafft den Blödsinn endlich ab!

Die Blaskapelle

Wozu noch im Hause hocken?
Die letzten Sonnenstrahlen locken
besonders mittags in der Stadt,
wenn man einen Garten hat.

So entspannt man sich da cool
direkt noch auf dem Liegestuhl.
Niemand mäht in solchen Phasen
in der Mittagszeit den Rasen,
weil man sonst laut Ratsbeschluss
mit einem Bußgeld rechnen muss.

So denke ich noch, als mich dreist
Getöse aus den Träumen reißt.
Schon naht da, ganz auf die Schnelle,
die „orange Blaskapelle",
denn es geht in diesen Tagen
schon dem Laubwerk an den Kragen.

Einer hat voll Sachverstand
ein Düsentriebwerk in der Hand.
Das hat sicher einst indessen
an einer Boeing dran gesessen.
Schon kommt da im hohen Bogen
von rechts nach links das Laub geflogen.

Ein Zweiter trägt so ungewollt
die Raab Kärcher da als Colt
und bläst nun zu seinem Glück
das Zeugs von links nach rechts zurück.

Ein Dritter trägt da wirklich schwer
einen Rüssel vor sich her
und bläst damit so zum Spaße
das ganze Laub nun auf die Straße,
wo es dann, wie sich´s gehört,
ein Vierter auch zusammenkehrt.

Die ganze Truppe hat dann schon
zur Mittagszeit 200 Phon.
Dabei hat zu den Belangen
der Herbst noch nicht mal angefangen.
Wie lautstark wird der Blasverein
dann erst im November sein?

Weggeblasen...

Bei uns hat nun auch, ohne Frage,
selbst der Herbst noch schöne Tage,
doch nun wird in diesen Phasen
ringsherum das Laub geblasen.

Der Landkreis hat hier auf sie Schnelle
eine ganze Blaskapelle
und gemeinsam hat man schon
somit ein paar hundert Phon
und man bläst nun Stück für Stück
von links nach rechts und auch zurück.

Sicherlich zerstört man hier
nun so manches Kleingetier,
was für die Vögel offenbar
als Nahrungskette wichtig war.

Das opfert man in dieser Zeit
der gezielten Sauberkeit
und selbst im Herzberg, wie man hört,
wird geblasen und gekehrt.

Natürlich schafft sich hier sodann
nun auch der Rentner sowas an,
denn hinterm Haus hat er dabei
die Rasenfläche 3 mal 3.

Hier hält er nun voll Sachverstand
das Düsentriebwerk in der Hand
und demonstriert damit zurzeit
auch geballte Männlichkeit.
Es ist ein Spruch von altersher:
Weniger ist manchmal mehr...

„Jo mei..."
Der Frohsinn hat schon fast Methode,
Oktoberfeste sind in Mode.
Mit meinem Schwiegersohn in Bayern
lässt sich sowas prächtig feiern,
doch nun hat das ungewollt
den Landkreis Peine überrollt.

Ob Altenheim, ob Sportverein,
ein Oktoberfest muss sein
und so feiert ganz bewusst
man das hier schon seit August.

Das Dirndl stammt dann meist dabei
zwar noch vom Kostümverleih,

doch ein gut gefülltes Mieder
erfreut den Peiner immer wieder.

Die Lederhose, wie ich meine,
passt da nicht so recht nach Peine,
denn im fernen Bayern wachsen
doch meist kräftiger die Haxen.

Jede Woche gibt es hier
Brez´n, Weißwurscht, Weizenbier
und selbst mein Zahnarzt bot sodann
sein Jubiläum bayerisch an.
So bohrte man wohl im Verlauf
den Kiefer glatt im Dirndl auf.

Vielleicht gestaltet man darum
das Freischießen hier auch bald um.
Die Gilde, in bekannter Pose,
marschiert dann in der Lederhose.

Ein Anfang ist, kurz nachgedacht,
hier schon ganz bewusst gemacht,
denn man hat in Bild und Ton
die Blasmusik aus Bayern schon.

Doch zum Glück ist ungeniert
nicht alles bayerisch infiziert,
denn im schönen Wehnsen lässt
man uns noch das Kartoffelfest.

Nach wie vor, da bietet man
uns Kartoffelpuffer an,
doch irgendwann wird es da eben
auch bayerisch „Reiberdatschi" geben...

Matten – Ehren

Matten Ehren ist nun auch
noch bei Computer-Kindern Brauch.
Wichtig ist´s, zu diesen Zwecken
sich mit Bonbons einzudecken.
Darüber ist nun ebenso
sicher mancher Zahnarzt froh.

Nachmittags, so gegen vier,
klingelte es an der Tür.
Zwei Zwerge hielten im Verlauf
wortlos ihre Beutel auf,
denn man hatte da zudem
nachweislich ein Textproblem.
So hab´ ich ihnen ungezwungen
Matten Ehren vorgesungen.

In dem Moment , wie dem auch sei,
kam eine Nachbarin vorbei:
„Heute ist wohl offenbar
nichts mehr wie es früher war!"

Die nächste Truppe war dann schon
eine andere Fraktion,
die ich mit Erstaunen sehe,
immerhin auf Augenhöhe.
Der Gesang, er zeigte klar,
dass man voll im Stimmbruch war.

Einen, der da vor mir stand,
habe ich sofort erkannt.
Mir war klar, ich kannte ihn
noch vom letzten Halloween.

Da hatte man, wie wir wohl wissen,
ein Ei an meine Tür geschmissen.

Aus diesem Grunde hing ich mir
ein kleines Schild an meine Tür.
In diesem Hause wird es eben
zu Matten Ehren Süßes geben,
doch, wie wir auf dem Schild erfahren:
„Für Kinder unter 14 Jahren!"
Ich hab´, nachdem ich nachgedacht,
es in drei Sprachen angebracht.....

Halloween

Nachmittags, so gegen Vier,
klingelte es an der Tür.
Draußen standen nun, nicht minder,
schaurig kostümierte Kinder.
Ich erfuhr nun immerhin,
heute sei doch Halloween
und ich sollte mich mal schmücken,
etwas Süßes rauszurücken.

Haubenreißer hat zudem
ein Cholesterinproblem,
so dass ich da als alter Knabe
Süßes nicht im Hause habe.
Als Ersatz bot ich sodann
den lieben Kleinen Äpfel an.
Nur mit leichtem Widerwillen
ließ man sich den Beutel füllen.
Ein Dankeslied wollt´ man verwehren,
schließlich sei nicht Matten – Ehren.

Siehe da, nach kurzer Zeit
klingelte es nun erneut.
Ich sah, dass nun die Jugendschar
schon erheblich älter war.

Dieser Truppe bot ich dann
eine Bücherlesung an
und dazu sollt´ es dann eben
auch noch ein paar Äpfel geben.
„Hey Alter, lass nu ma die Faxen,
es kann auch Bares rüberwachsen!"

Da hab´ ich halloweenverdrossen
einfach meine Tür geschlossen
und die Truppe warf nun mir
Kürbiskerne an die Tür.
Leider war, man war so frei,
aber auch ein Ei dabei.

So ein Ei, das neigt nun eben
dazu fest an der Tür zu kleben
und folgerichtig ließ ich dann
das Huhnprodukt auch erstmal dran,
zum Zeichen, dass hier einer wohnt,
beim dem das Klingeln sich nicht lohnt.

So habe ich nun immerhin
mit Halloween nichts mehr im Sinn.
Das Ganze ist, so kann man lesen,
einst ein Keltenbrauch gewesen,
doch zwischen Peine und den Kelten
liegen augenscheinlich Welten.
Trotzdem werde ich schon morgen
für Matten Ehren was besorgen.....

"Frühschwimmer"

Fast in jeder deutschen Stadt
hat man nun ein Hallenbad.
Um sich morgens schon zu trimmen,
will man ein paar Bahnen schwimmen...

Schon kommt mir dabei deswegen
ein Weltrekordler da entgegen
und man sieht mit schnellen Zügen
ihn gekonnt durchs Wasser pflügen.

Die Schwimmbrille ist wasserdicht
und nimmt ihm scheinbar jede Sicht.
Es empfiehlt sich hier zum Zeichen
der Anerkennung auszuweichen.

So habe ich da locker, leicht,
mit knapper Not Bahn 2 erreicht.
Hier erfreut nun morgens immer
ein ungeübter Rückenschwimmer,
der natürlich, in der Tat,
hinten keine Augen hat.

Im Blindflug schwimmt er folgenschwer
auf zwei Bahnen hin und her
und rammt so bei seinem Sport
andere mal hier, mal dort,
wobei er aber dann gesittet
wortreich um Verzeihung bittet.

Besser, man bewegt sich hier
auf den Bahnen fünf und vier.

Hier hat sich aber schon seit Stunden
ein Kaffeekränzchen eingefunden,
das hier sichtlich froh gestimmt
dreifach nebeneinander schwimmt.

Man sieht von diesen Schwimmattrappen
von hinten nur die Badekappen,
die sich dabei nun deswegen
in Zentimetern fortbewegen.

Fröhlich werden hier, man lauscht,
Kochrezepte ausgetauscht.
Sicher haben sich zuletzt
da schon Amöben angesetzt.
Doch es lohnt nun nicht, deswegen
sich da auch noch aufzuregen.

Hobbymärkte

Schon suchen wir hier im Verlauf
die ersten Hobbymärkte auf
um uns da zu diesen Zwecken
schon weihnachtlich mal einzudecken:

So grüßt im Flur nun schon von Ferne
eine Riesen-Sturmlaterne
und daneben steht, was soll's,
ein Weihnachtsbaum aus Tropenholz.

Für den Garten schaffte man
sich sogar etwas Schrottkunst an.
Hier sitzt nun nach des Weibes Wille
ein Eulentier mit Lesebrille,

was nun auch noch ungeniert
dieses Buch als Titel ziert.
Meine Liebste hat gepflegt
sich neue Seife zugelegt
und duftet nun auch, Lob dem Manne,
wie eine frisch gefällte Tanne.

Etwas Met und Alkohol
tut danach der Seele wohl...
So habe ich nun leicht verdrossen
mit Hobbykunst auch abgeschlossen.

Die Liebste bastelt zu dem Zwecke
nun eigenhändig selbst Gestecke
und Kränze stellt sie folgenschwer
wunderschön auch selber her:

„Hase, können wir deswegen
nicht auch mal einen Stand belegen
und du wirst dann zu guter Letzt
als Verkäufer eingesetzt?"

So gab es da zu diesem Zwecke
Teddys und Adventsgestecke,
Keramik, Seife, Holzarbeiten,
selbst hergestellte Süßigkeiten,
Weihnachtsengel für die Seele
und Selbstgebranntes für die Kehle.

Kurz, alles was der Damenwelt
so vor Weihnachten gefällt.
Doch was den Mädels Freude bringt,
erfreut die Männer nur bedingt.

So bekam ich eingedenk
dessen auch gleich ein Geschenk:
Ich wurde da für wenig Geld
mit einer Kugel ruhiggestellt,
auf der weihnachtlich sogar
eine Gladbach-Raute war.
So ließ ich nun auch das Geschehen
geduldig über mich ergehen.

Die Damen wuselten darum
nun auch eifrig um mich rum.
Die Männer standen, wie's auch sei,
mit der Tüte stumm dabei.

Meist hatten sie da nicht zuletzt
ein Dauerlächeln aufgesetzt.
Das Männerauge schweift dann gerne
leicht gelangweilt in die Ferne,
wobei man aber offenbar
ständig auch im Wege war.

Für Männer ist, sonst müsst´ ich lügen,
diese Sache kein Vergnügen.
Hier wäre doch, kurz nachgedacht,
ein kleiner Bierstand angebracht,
doch das wird bei diesem Treiben
wohl ein frommer Wunsch nur bleiben...

Laternenlieder

Nun ist es wieder mal so weit,
es kommt die dunkle Jahreszeit
und man freut sich da nicht minder
über die Laternenkinder,
die uns hier im schönen Peine
in Gruppen oder auch alleine
mit alten oder auch mit neuen
Papierlaternen nun erfreuen.

So wird da in diesen Tagen
auch manches Erbstück rumgetragen
und es ist natürlich Pflicht
der „Kallemond" mit Kerzenlicht.

Doch auch „batteriebetrieben"
sieht man sie durch die Straßen schieben.
Die Technik macht bei Jung und Alt
heute da vor nichts mehr Halt.

Leider bleiben auch darum
die lieben Kleinen dazu stumm
und es scheint nicht zu gelingen,
ein Laternenlied zu singen.
Wahrscheinlich hat man auch indessen
den Text dazu schon längst vergessen.
Den stelle ich zu dieser Übung
nun aber gerne zur Verfügung.

Vielleicht hat man da, volles Rohr,
den Walkman aber auch am Ohr
oder hat man dazu schon
Laternenlied per Klingelton?

Neulich kam, wie dem auch sei,
der Kindergarten hier vorbei.
Textsicher schien immerhin
da die Kindergärtnerin
und es summte diesen Hit
ein Rentner hinterm Fenster mit...

Tattoo´s

Der Menschheit sollte es stets glücken,
zu allen Zeiten sich zu schmücken.
Heute trägt man so dazu
natürlich offen ein Tattoo.

Früher hat man ungeniert
damit mal sein Vieh markiert.
Später hat man hier im Land
daran die „Knastbrüder" erkannt,
denn es kam da im Verlauf
manchmal Langeweile auf.
Auch Matrosen ritzten dann
sich nun gegenseitig an.

Heute sind nach der Methode
die Tattoo´s nun voll in Mode.
Zunächst hat man sich noch verzückt
am Fuß mit dem Delfin geschmückt,
um der Umwelt aufzuzeigen,
ich setz´ Akzente, ich bin eigen.
Danach kam, wie dem auch sei,
in voller Pracht das Arschgeweih,
womit man dann schon das geglückte
Rückendekolletee bestückte.

Aber heute bietet man
die Haut als Werbefläche an
und die wird zu guter Letzt
auch beim Fußball eingesetzt.

Den echte Profi, den erkennt
man wandelnd da als Ornament.
Beim Torjubel wird sich beflissen
das Trikot vom Leib gerissen.

Auf nackter Haut sieht man nicht minder
nun Freundin, Frau und sogar Kinder.
Die gelbe Karte nimmt man dann
aus Werbegründen dankbar an.

Auch Schauspieler und Promis neigen
dazu, uns ein Tattoo zu zeigen:
Monster, Tiere, Bildgeschichten,
ganze Zyklen von Gedichten.

Mache Dame trägt bewusst
den Tigerkopf auf ihrer Brust.
Später nimmt der Tiger dann
die Form einer Giraffe an...

Die Großfamilie, weil es nützt,
wird nun bestens unterstützt.
Der Vater trägt dann zum Entzücken
die Kindernamen auf dem Rücken.

Papa zieht dann hier im Haus
zur Essenszeit das T-Shirt aus
und die Mutter ruft indessen
die Kinder fehlerfrei zum Essen.

Auch dem Rentner kann es nützen,
das Gedächtnis leicht zu stützen.
Auf dem Bauch ritzt man sich fein
endlich die Geheimzahl ein.
Allerdings muss man auch lernen
die Tattoo´s mal zu entfernen.
Guns – N´ Roses kommen dann
im Altersheim nicht mehr gut an...

Sex

Im Alter lässt mit Ach und Krach
einiges recht deutlich nach.
Beim Rentner schwächelt dabei sehr
in vielen Fällen das Gehör.

Am Ende dieser Sache steht
mit Sicherheit ein Hörgerät,
wobei ich mich als alter Knabe
da jahrelang geweigert habe.

Besonders schwierig war es da
bei Filmen aus den USA.
Die rauschten dann, wie dem auch sei,
verständnislos am Ohr vorbei.

Besonders konnt´ bei dem Geschehen
ich die Frauen nicht verstehen,
doch das ist in unserer Zeit
wahrscheinlich keine Seltenheit...

Bald hörte ich, das störte sehr,
auch meine Partnerin nicht mehr
und so haben meine Lieben
mich zum Ohrenarzt getrieben.

Hier wurde nun, weil es pressiert,
gleich ein Hörtest durchgeführt
und man flüsterte am Ohr
mir elektronisch etwas vor,
wonach ich danach das bewusste
Wort gleich wiederholen musste.

Leider hab´ ich, wie sie fanden,
wohl die Hälfte nur verstanden
und es schlich im Nachhinein
sich so mancher Fehler ein:

So habe ich, was wohl verkehrt,
auch mal das Wort „Sex" gehört,
wonach plötzlich die bewusste
Helferin auch lachen musste.
Wahrscheinlich ist zu den Belangen
die Fantasie mir durchgegangen.

Ein Hörgerät das Ohr nun ziert,
dazu hat der „Sex" geführt...

Der Igel

Vor einer Woche, von Nordost,
kam nun schon der erste Frost
und so häufelte ich dann
im Garten schnell die Rosen an.
Zu diesem Zwecke sammelt man
auf einem Haufen Kompost an,
den ich nun in die bewusste
Schiebekarre schaufeln musste.

Den Spaten stieß, so soll es sein,
ich tief in das Geäst hinein
und ganz plötzlich lag dabei
nun ein dicker Igel frei.
Der hatte wohl vor ein paar Wochen
sich hier zum Winterschlaf verkrochen.

Der Spaten hatte, kurz erzählt,
seinen Kopf nur knapp verfehlt
und das rief im „Tierschutzwahn"
nun meine Liebste auf den Plan.

Ich wurde nun, das ist bekannt,
kurzerhand „Barbar" genannt
und das Tier dann leicht verschreckt
mit Laub gleich wieder zugedeckt,
weil es der Sicherheit nun nützt,
mit kleinen Ästen abgestützt.

Ich schlug vor zu dem Geschehen
ihm einen Schlafsack noch zu nähen.
Den Igel hat das nicht gestört.
Er schnarchte weiter, wie man hört.

So haben wir nun unbestritten
ein viertes Tier in unserer Mitten.
Wie es so ist zur Winterzeit
hat es nun auch schon geschneit
und man fragt von früh bis spät:
„Wie es wohl dem Igel geht?"

Heiligabend wird verstohlen
man ihn in die Bude holen
und im Frühjahr steht wohl dann
im kleinsten Kreis die Taufe an.
Gegenüber hat man die
Telgter Laubenkolonie.

Da wird der Igel unbesehen
sicher dann auf Brautschau gehen.
Leider hat vor ein paar Jahren
man hier mal einen platt gefahren.
Es empfiehlt sich so deswegen
Zebrastreifen anzulegen...

Mogelpackungen

Hin und wieder, ungelogen,
wird der Mensch auch mal betrogen
und man fällt ganz allgemein
auf eine Mogelpackung rein.

So ist mir das ungeniert
mal mit Thüringer passiert,
wo in der Mitte offenbar
noch der Rest von gestern war.

Meiner Liebsten, weil´s pressiert,
ist nun Ähnliches passiert:
Im Dezember wird verzückt
alles weihnachtlich geschmückt
und den Adventskranz fertigt man
selbstverständlich selber an.

So holte sie sich nun dabei
Zweige aus der Gärtnerei
und das Bündel, nicht geprahlt,
sah wirklich aus, wie hin gemalt...

Weihnachtlicher Tannenduft
lag nun erstmal in der Luft,
bis sie plötzlich wundersam
das Bündel auseinander nahm.

Mittendrin, man muss es tadeln,
fing die Geschichte an zu nadeln,
denn man hatte zu den Zwecken
hier noch das Grün vom Vorjahr stecken.
Wenn man mit den Tränen kämpft,
ist Weihnachtsfreude leicht gedämpft.
Der Gärtner wird nach dem Geschehen
sie wohl so schnell nicht wiedersehen.

Ich habe bei der Tannenpracht
gleich an mein Thüringer gedacht
und es fiel ganz allgemein
mir dazu noch was anderes ein:
Passiert uns das, ganz im Vertrauen,
nicht hin und wieder auch mit Frauen?
Hinter Kunst- und Schminkfassade
sind manche Damen dann recht fade...

Aber das soll allgemein
wohl ein anderes Thema sein
und man sollte hier zum Zeichen,
den letzten Absatz besser streichen...

Es weihnachtet...

In dieser Zeit, das ist kein Spaß,
kauft meine Liebste dies und das
womit sich bis zum Weihnachtsfest
das Heim nun noch verschönern lässt.

Neulich brachte sie als Hit
noch eine Lichterkette mit
womit man sogar draußen dann
den Vorgarten verschönern kann.

Bei Vielen wird da nun verzückt
alles weihnachtlich geschmückt
und so mancher Garten hat
locker ein paar 1000 Watt.

Das hat man einstmals unbenommen
von den „Ami´s" übernommen
und ich bin, man ahnt es schon,
kein so großer Freund davon...

„Haubenreißer, du mein Holder,
häng sie doch in den Wacholder
und bring damit die Konifere
hier zu weihnachtlicher Ehre!"

Ich begann, nach diesen Zwängen,
das Ding in einen Busch zu hängen.
Oben spitz, dann etwas weiter
und ganz unten dann viel breiter,
womit den Busch man wohl am Ende
für eine Tanne halten könnte.
So konnte ich mit Widerstreben
nun mit dieser Sache leben...

Neulich bin ich unbenommen
etwas spät nach Haus gekommen
und es begrüßte um die Wette
mich dazu die Lichterkette.
So blieb ich nun zu dem Geschehen
vor der Festbeleuchtung stehen.

Es lag zu diesem Lichterreigen
frischer Neuschnee auf den Zweigen.
Vom irgendwo, wer will´s verwehren,
war nun ein Weihnachtslied zu hören
und ich bekam zu diesem Ziel
ein weihnachtliches Glücksgefühl.
Man erkennt an diesem Fall:
Weihnachten ist überall!

Schnee

Hallo Leute, nicht geklagt,
heut´ ist „Schippen" angesagt
und voll Freude macht dabei
jeder seinen Gehweg frei,
wobei dann „eingemummelte" Gestalten

sportliches Talent entfalten.
Mancher Schipper ließ da munter
dann sein Nachtgewand noch drunter.

Mancher schob dabei dann lieber
das ganze Zeugs zum Nachbarn rüber
und so hat man dann auch schon
gleich gepflegt „Konversation".
So ist man dann auch unbenommen
wieder in´s Gespräch gekommen.
Dabei ist mein Gegenüber
mir auch an Erfahrung über.
Soviel Schnee hätt´ es da eben
„46" schon gegeben.

Nun lag ich in diesen Tagen
noch im warmen Kinderwagen
und so führte ich sodann
den Winter „78" an,
als wir da in Doppelspuren
noch „per Ski zur Arbeit fuhren".
Gemeinsam legten wir dabei
nun auch noch die Einfahrt frei,
wobei dann aber wundersam
auch direkt der Schneepflug kam.
Der hat dann sogleich beflissen
die Einfahrt wieder zugeschmissen
und grüßte nun uns beide eben
freundschaftlich durch Handaufheben.

Am nächsten Tag fing ich sodann
erst um 10 zu Schippen an,
worauf der Schneepflug, in der Tat,
offenbar gewartet hat.

Kaum war ich fertig, kam zum Zwecke
der Räumung er schon um die Ecke
und schmiss mir dann auch gleich im Nu
wieder meine Einfahrt zu,
wobei die Schneehöhe mir leicht
bis an beide Knie reicht.
Zum Gruß hält er, man muss ihn loben,
dazu den Daumen hoch nach oben...

So spricht man hier auf diese Weise
nun auch schon von weißer Schei...

Die weiße Pracht

So viel Schnee hat es hier eben
wohl schon lange nicht gegeben.
Man erinnert sich ein Stück
an die Kinderzeit zurück,
wo so viel Schnee wohl offenbar
zum Jahreswechsel üblich war.

Freuen werden sich nicht minder
über diesen Schnee die Kinder
doch selten sieht man hier inmitten
der weißen Pracht noch Kinderschlitten.
Sowas wird, wenn´s interessiert,
wohl am Computer simuliert
und man hat es sorgenfrei
dann auch noch schön warm dabei....

Draußen plustern im Verlauf
sich nun auch die Vögel auf,
denn im Schnee wird es da eben

kaum noch etwas Nahrung geben.
Da sind nun aus diesen Gründen
Vogelhäuser vorzufinden.
Hier will man, da ist man eigen,
sich nun auch als Tierfreund zeigen,
wobei die Größe ganz gezielt
wohl auch eine Rolle spielt
und im Vogelhaus da steckt
die Drangsal zum Prestige-Objekt...

Leider bleiben folgenschwer
viele Vogelhäuser leer,
denn der „Tierfreund" hat indessen
wohl die Fütterung vergessen.
Oft steht da für alle Fälle
das Haus auch an der falschen Stelle,
denn an´s Fenster, unbenommen,
wir der Vogel wohl kaum kommen.

Vogelfutter wird vorab
nun auch in den Geschäften knapp
und so hat man´s, wie ich meine,
als Vogel es nicht leicht in Peine....

Energieberatung
Wieder mal hat man nach oben
Strom und Gas da angehoben.
Man überlegt nun, wie man
trotzdem etwas sparen kann.

Fernsehmäßig zieht man dann
am besten Winterkleidung an

und man sollte da mitnichten
auf Pudelmützen nun verzichten.

Außerdem stellt man darum
auf Kaminbeheizung um.
Brennholz gibt es dazu pur
ringsherum in der Natur.

Schön ist es, wenn man in der Stadt
dann noch einen Garten hat.
Der Apfelbaum wird dann gepflegt
von der Familie umgelegt,
wobei die Tätigkeit dann meist
Familien noch zusammenschweißt.

Es empfiehlt sich dann deswegen,
die alte Schrankwand nachzulegen,
wobei der Qualm dann abends spät
fröhlich durch den Schornstein geht,
so dass von diesen Liebesgaben
dann auch die Nachbarn etwas haben.
Der Rauch schafft ihnen dann, auf Ehre,
kuschelige Atmosphäre.

Außerdem, hier ist man eigen,
kann man Strom auch selbst erzeugen,
denn in unserem Hause steht
noch ein Fahrradtrimmgerät.

Das gute Stück wird nun zuletzt
zur Stromerzeugung eingesetzt
und ich schaffe ganz genau
zunächst einmal die Tagesschau.

Am Sonntag will dann voll Vertrauen
meine Liebste Pilcher schauen,
wozu ich aber dann zum Schluss
die Woche noch trainieren muss.
Man verliert aus diesem Grunde
nebenher noch ein paar Pfunde
und man wird, man sieht es ein,
für die Erhöhung dankbar sein…

Advent, Advent…

Gerne hat in dieser Zeit
man Ruhe und Besinnlichkeit.
Da ist wieder mal zudem
ein Adventskranz angenehm.
Man lässt sich einen Rotwein munden
und genießt die schönen Stunden.
Dazu hört man immer wieder
gern noch ein paar Weihnachtslieder…

So sollte es, man sieht es ein,
zumindest theoretisch sein.
Stattdessen hetzt man durch die Stadt,
weil man noch „was vergessen" hat.
Täglich ist man, nicht zum Schaden,
zur Weihnachtslesung eingeladen.

Schließlich hat, die alte Leier,
man selbst noch eine Weihnachtsfeier.
Man überlegt sich, wo man parkt
in Braunschweig „Nähe Weihnachtsmarkt"
und sucht dann daher im Verlauf
doch nur den in Peine auf.

Auf diese Weise steht dann hier
das Weihnachtsfest fast vor der Tür
und es ist dazu, man stutzt,
der schöne Kranz noch ungenutzt.

Schließlich ist, laut sei´s geklagt,
nun Besuch noch angesagt.
Denen will, hier ist man eigen,
den unberührten Kranz nicht zeigen
und so zündet man hier dann
schnell noch alle Kerzen an.

Dazu muss aus guten Gründen
Hund und Katze nun verschwinden.
Flambierte Katze ist zudem
der Stimmung nicht sehr angenehm.

Man lässt die Kerzen, wie wir´s kennen,
nun stufenweise runter brennen,
als ob man hier nun, jede Wette,
täglich mal gesessen hätte
und demonstriert so unverdrossen:
Wir haben den Advent genossen…

Unser Weihnachtsmarkt

Wie immer lädt hier klein und fein
der Weihnachtsmarkt zum Bummeln ein,
wobei des „Klein" hier ganz gezielt
eine große Rolle spielt,
doch bringt er uns in dieser Zeit
viel Stimmung und Gemütlichkeit.

Zum Kunsthandwerk ging hier ein Stück
die Zahl der Anbieter zurück
und so sind nun allemal
Fressbuden in der Überzahl.

Leider zeigt die Bühne meist
sich da leer und still verwaist.
Vielleicht gelingt´s aus diesen Gründen
die Kindergärten einzubinden.

Ein Weihnachtslied aus Kindermund
macht erst die Sache richtig rund
oder nimmt man offenbar
dafür nun schon „Honorar"!?

So denk´ ich noch, als ungelogen
man mir die Füße weggezogen
und ganz plötzlich fing ich dann
weihnachtlich zu rutschen an.

Der Rittberger, recht gut gelungen,
war zwar „einfach" nur gesprungen,
doch die Landung war zudem
auf dem Hintern unbequem.

Die Haltungsnoten war´n indessen
allerdings nur knapp bemessen,
denn es fehlte, wie man hört,
hier an künstlerischem Wert.

Der Glühwein hat das sanfte Landen
aber schadlos überstanden,
weil ich da als alter Knabe
tatsächlich nichts verschüttet habe.

Ein Weihnachtslied hätt´, nicht geprahlt,
die Sache passend untermalt.
Ein Kinderchor säng´ ungezwungen
dazu „Es ist ein Ros entsprungen".
Ein Weihnachtslied aus Kindermund
macht erst die Sache richtig rund,
doch manchmal langt´s, uns zu erfreuen,
hier hin und wieder mal zu streuen...

Gruß aus Australien!

Ach, wenn doch etwas übrig bliebe
von Weihnachten, dem Fest der Liebe.
Mir ist vom Fest mit meinen Lieben
ein dicker Finger nur geblieben,
daran noch ein paar Blutergüsse.
Ich wurd´ ein Opfer meiner Nüsse,
die ich da als alter Knabe
im Supermarkt erstanden habe.

Sehr früh waren folgenschwer
da schon die Regale leer
und Walnüsse, sonst müsst´ ich lügen,
waren nur sehr schwer zu kriegen.

Als Ersatz bot man mir dann
eine Erdnusstüte an,
doch sind die Dinger wohl an sich
auch nicht richtig weihnachtlich.

Im nächsten Laden lag fatal
noch eine Tüte im Regal

und ich erstand für gutes Geld
die „Nussmischung aus aller Welt".
Zu dem Preis hätt´ unbenommen
man früher einen Baum bekommen.

Unterm Weihnachtsbaum fing dann
das Problem erst richtig an,
denn aus Australien war da
die Prachtnuss „Macadamia".

Diese Nuss war nicht zu packen,
sie war einfach nicht zu knacken
und so versuchte ich deswegen
es mit leichten Hammerschlägen.

Der Stubentisch zu diesem Ziel
hat nun ein eigenes Profil,
nur die Nuss hat, wie wir fanden,
die Sache schadlos überstanden.

Schließlich habe ich zuletzt
Omas Erbstück eingesetzt,
doch glatt ist wohl das Kontingent
der Nuss vom fünften Kontinent
und sie ist mir raus geflutscht
und untern Weihnachtbaum gerutscht.

Nur mein Finger blieb im Stück
in Omas Knacker noch zurück,
der nach dem Fest, man sieht´s ihm an,
nun in drei Farben leuchten kann
und sich nicht mehr bewegen lässt.
Australien wünscht „Frohes Fest"!

Es weihnachtet ziemlich...
Bei uns im Haus wird nun verzückt
alles weihnachtlich geschmückt.
Vor dem Haus steht dazu nur
von einem Drachen die Skulptur.
Das hat dabei aber nun
mit meiner Liebsten nichts zu tun...

Der Drache hat jetzt im Verlauf
eine rote Mütze auf
und die Tür, hier ist man eigen,
ist fast verdeckt von Tannenzweigen.
Draußen leuchtet um die Wette
eine lange Weihnachtskette
und selbst der Türkranz, wie gewohnt,
bleibt von Lichtern nicht verschont.

Drinnen grüßt uns nun, auf Ehre,
weihnachtliche Atmosphäre.
Für Bierkrüge hab´ allemal
ich ansonsten ein Regal.
Die Krüge sind, wie man nun lernt,
plötzlich allesamt entfernt
und schon erfreut uns hier, ruck zuck,
in drei Etagen Weihnachtsschmuck.

Überall, es geht zu Herzen
Tannenschmuck und Weihnachtskerzen
und als Produkt der letzten Nacht
ein Riesenkranz in voller Pracht.
Die Teddy´s sind bei dem Geschehen
mit roten Mützen längst versehen.
Nur der Hund hat, wie erwähnt,
den Kopfschmuck dankend abgelehnt.

Im Flur grüßt mich als Freudenspender
mit dicken Taschen ein Kalender.
Die Taschen sind, das passt ins Bild,
mit Leckereien prall gefüllt.
Kalorien sind indessen
in dieser Zeit diskret vergessen...

Als Fluchtort bleibt nun, jede Wette,
dem Rentner da nur die Toilette,
wonach man hinterher verzückt
auf den Duftzerstäuber drückt.

Plötzlich liegt da in der Luft
weihnachtlicher Tannenduft.
Es riecht, als hätte da verzwackt
einer in den Wald gek....!
Trotzdem Leute, seid bereit,
es ist doch eine schöne Zeit!!!

Alle Jahre wieder...

Eins der schönsten Weihnachtslieder
ist doch „Alle Jahre wieder".
Alle Jahre gibt´s zudem
bei uns zu Hause ein Problem,
weil meiner Liebsten ungeniert
zu Weihnachten etwas passiert
und so sucht sie im Verlauf
stets die Notaufnahme auf.

Vor ein paar Jahren fing es dann
mit einem Auffahrunfall an.
Die Halsmanschette kam deswegen
Weihnachten nicht sehr gelegen.

Ein Jahr später ging sie hier
bei Glatteis kurz mal vor die Tür
und auf ihrem Arm, da hatt´se
ihre heißgeliebte Katze.

Der Katzenweitwurf war im Land
bisher völlig unbekannt.
Das Steißbein wurde, weil´s pressiert,
per Notaufnahme repariert.

Diesmal gab´s zur Weihnachtszeit
Probleme mit der Reinlichkeit,
weil die Seife ihr zum Ziel
der Sauberkeit nach unten fiel.

Es sollte ihr dann auch noch glücken,
nach der Seife sich zu bücken,
doch im Wege war dann nur
aufwärts noch die Armatur.
Die blieb zwar heile, aber mau
stand´s um den Kopf der liebsten Frau.

So ging´s mit der geliebten Dame
Mal wieder in die Notaufnahme.
Eins der schönsten Weihnachtslieder
ist doch „Alle Jahre wieder".

Weiße Weihnacht?

Das mit dem Schnee, wie dem auch sei,
war dann aber bald vorbei.
Das Weihnachtsfest, ich will nicht lästern,
war dann auch bald „Schnee von gestern".
Zur Verdauung ging es halt
in zum Spaziergang in den Wald.

Bei allerschönstem Frühlingswetter
sah man schon die ersten Blätter
und es war´n zu dem Geschehen
Weidenkätzchen auch zu sehen.
Früher war zu dieser Zeit
der gleiche Wald noch tief verschneit,
doch weiße Weihnacht wird es eben
in unseren Breiten kaum noch geben.

Mein neuer Schneeschieber, man stutzt,
ist seit 2 Jahren ungenutzt.
Beim Weihnachtsmarkt, da tranken wir
statt Glühwein lieber kühles Bier.
Die versuchen nun wohl ihren
Glühwein lieber einzufrieren...
Fürs nächste Jahr sollt´ man deswegen
sich nun auch schon überlegen,
ob man sich nicht besser dann
zum Weihnachtsgrillen treffen kann.

Mit den Gedanken kam man dann
nun auch schon zu Hause an
und es war zu guter Letzt
Kaffeetrinken angesetzt:

„Hase, hab doch mal die Güte
und nimm den Stollen aus der Tüte.
und schneide uns doch mal vorab
ein paar Scheiben davon ab!"

Gesagt – getan, und ungezwungen
ist mir das auch gut gelungen,
wonach ich aber wundersam
den Stollen nicht zurück bekam,
weil der Stollen, der verhasste,
nun nicht mehr in die Tüte passte.

So rutschte mir voll Sachverstand
die Geschichte aus der Hand
und es war da nun zudem
der Puderzucker ein Problem,
wobei sich der, auch weil es eilte,
in der Küche gut verteilte,
wodurch es nun doch wundersam
zu einer weißen Weihnacht kam.

Als Rentner freut man sich beizeiten
auch schon über Kleinigkeiten...

Schneeschieben

Mein Schneeschieber war leider halt
schon über 30 Jahre alt
und so schaffte ich mir dann
preiswert einen Neuen an,
aus Aluminium und, was soll´s,
einem Stil aus Buchenholz.
Den sieht man nun mit schlechten Karten
auf den ersten Einsatz warten,
denn richtig Schnee hat es hier eben
in letzter Zeit nicht mehr geben.

Jeden Morgen schau´ ich dann
mir die Wetterkarte an,
doch es ist bei dem Geschehen
nirgends was von Schnee zu sehen.
Nur auf dem Brocken, stellt man fest,
gibt´s noch einen kleinen Rest.

Morgen werd´ ich, nicht zum Schaden,
den Schieber in mein Auto laden
um mit ihm nach vielen Jahren
mal wieder in den Harz zu fahren.
Der Weg zum Brocken wird dabei
vom Restschnee danach völlig frei...

Grippe

Es erfasste auf die Schnelle
Peine nun die Grippewelle
und man staunt, was man als Mann
alles so erleiden kann.

Meine Liebste, nicht zu fassen,
hat mich mit Tee zurückgelassen,
weil sie hier in unserer Stadt
montags „Rheumaliga" hat.

Mit matter Stimme, wie man hört,
habe ich ihr noch erklärt,
wo wir nun seit vielen Jahren
die Testamente aufbewahren,
doch das hielt sie im Verlauf
dazu auch nicht weiter auf.

Danach hab ich ungelogen
noch den Vorhang zugezogen,
denn der Virus braucht doch nicht
bei seiner Tätigkeit noch Licht.

Ist mein Virus hier im Land
den Ärzten überhaupt bekannt?
Und vielleicht benennt man hier
den neuen Virus nun nach mir?

So grübele ich mit stumpfem Sinn
eine Weile vor mich hin,
bis ich da als kranker Knabe
plötzlich die Erleuchtung habe:
Die Liebste geht zum Rheumatreff
und Fußball ist im DSF!

Na klar doch, montags wird gezielt
die 2. Liga da gespielt.
Schon geht der Puls auch wieder schneller,
es ist noch Weizenbier im Keller
und so schaue ich mir dann
natürlich Eintracht Braunschweig an.
Mit Weizenbier, weil niemand meckert,
wird dann auch der Tisch bekleckert
und nebenbei da fallen lose
die Nüsse aus der Erdnussdose.

Somit kehren auch zum Glück
die Lebensgeister glatt zurück,
was beweist, dass „Manneskraft"
auch die schlimmste Krankheit schafft...

Silvesterwünsche

Heute hat mich leicht verschreckt
der erste Kracher hier geweckt.
Früh um Neun Uhr warf ihn mir
ein Jugendlicher vor die Tür
und als Rentner merkt man dann:
Heute steht Silvester an!

Der Briefkasten, das passt ins Bild,
ist mal wieder prall gefüllt.
Mein Autohändler, offenbar,
wünscht guten Rutsch ins neue Jahr.
Man fragt sich, wie er das wohl meint,
er braucht Umsatz, wie es scheint.

So schlage ich nun im Verlauf
erst einmal die Zeitung auf:
Herr Kessler wünscht, dass gut begründet
die Hertie Brache bald verschwindet.
doch wird sie wohl, trotz allem Treiben,
auch nächstes Jahr erhalten bleiben.

Erhalten blieb uns immerhin
auch die Bundeskanzlerin
und so schaue ich mir dann
sie nachher im Fernsehen an.
Gleich nach Tetzlaff allemal
kommt sie diesmal digital.
Es wird wie immer dazu eben
„gedämpften Optimismus" geben.
So wird der Euro unbesehen
die Krise schadlos überstehen.

Vielleicht nimmt sie ja dann auch knapp
nach Acht noch die Perücke ab:
Menschenskind, das ist ein Ding,
das ist ja Harpe Kerkeling!
Leider wird so unbesehen
das nicht in Erfüllung gehen,
doch das Vertrauen ist längst futsch...
In diesem Sinne : **Guten Rutsch!**

...UND UNGEREIMTES

Peine bricht...

Ich verlebte den größten Teil meiner Kindheit nach der Scheidung meiner Mutter bei Oma und Opa in der Mühlenstraße (heute Teodor Heuss Straße). Ich wurde zunächst auf der Ritze des Ehebettes meiner Großeltern untergebracht und nahm so auch am „Eheleben" teil. Oma übernahm mittels eines Handfegers tatkräftig meine Erziehung, Opa war mehr für den heiteren Teil zuständig.

Leider kam er bei Oma nur sehr selten zu Wort und so zogen wir beide uns gern in die gute Stube zurück und genossen dort die Stunde vor dem endgültigen Dunkelwerden. Wir nannten es Dämmerstunde und Opa pustete Zigarrenkringel an die Decke, zündete eine Kerze an und zauberte mit den Händen Schattenspiele an die Wand. Wenn draußen mal ein Auto vorbeikam, leuchtete das Gardinenmuster an der Decke. Meist erzählte er mir dann aus seinem Leben in der Kaiserzeit. Er war in einem Waisenhaus in Celle-Wietzenbruch aufgewachsen. Seine Erzählungen dazu sind mir leider in Einzelheiten entfallen, aber ich kam zu der Erkenntnis, dass ich es trotz Omas Handfeger und Schlafritze gar nicht so schlecht getroffen hatte.

Am Anfang hatte es ihn dann mit Oma nach Hämelerwald verschlagen, wo auch meine Mutter geboren wurde. Die habe man dazu „aus der Tonkuhle (heute Waldsee) gefischt", was meine Fantasie sehr anregte. Allerdings konnte man ihm nicht alles glauben, besonders wenn es in seinen Augenwinkeln zuckte.

Seine Lieblingsgeschichte handelte aber vom Peiner Bahnhof, als man damals die Bahnlinie bis Peine eröffnete. Man hatte eigens ein Lied dazu komponiert und so sang der Damenchor den schönen Kanon „Peine bricht sich Bahn", was sich allerdings dann etwas merkwürdig anhörte: „Peine bricht..., Peine bricht... Peine bricht... sich Bahn!!" Obwohl ich das wohl hundertmal gehört hatte, lachten wir beide uns immer wieder kaputt. Ob er wirklich dabei gewesen ist... ich habe da so meine Zweifel.

Oft war ich mit Opa in unserem Garten an der Rosenthaler Landstraße, wo Opa seinen Blähungen beim Umgraben freien Lauf ließ. Trotz der „Knatterei" fand er immer wieder Zeit für Erzählungen: Bei der Explosion eines Munitionszuges wären Einzelteile bis in unseren Garten geflogen. Ich sammelte derweil Kartoffelkäfer ab und schnipste sie in ein Glas mit schwarzer Tunke. Die Käfer hatten laut Opa die Amerikaner per Flugzeug abgeworfen, um die deutsche Versorgung zu schädigen. Ich beobachtete seine Augenwinkel, doch diesmal zuckte da nichts.

In späteren Jahren hat er mir sehr viel aus der Nazizeit erzählt, wobei er Kriegsgeschichten stets ausklammerte: „Ich war gegen den Kaiser und Hitler, dafür musste ich gleich an zwei Kriegen teilnehmen." Das war alles, was ich dazu erfuhr.

Opa war halt glühender Sozialdemokrat und Willy Brandt später sein Heiliger: „Wenn der Willi mal Kanzler wird, wird alles besser!" Wir führten dazu endlose Diskussionen. Opa starb 1966 währen meiner Bundeswehrzeit. Als ich an sein Bett trat, war er leider schon tot. Er lag in seiner Hälfte des riesigen Doppelbettes, wo ich einst auf der Ritze geschlafen hatte. Um seinen Mund spielte ein leichtes Lächeln. Vielleicht hatte ihm ein Engel zugeflüstert, dass Willy Brant doch noch Bundeskanzler werden würde...

Matten-Ehren!

November... Zeit der Besinnung, aber auch Zeit der Festtage für Kinder. Halloween habe ich mich ja noch verweigert, da hat mir ein Halbwüchsiger zum Dank ein Ei an die Tür gepfeffert. Aber Matten Ehren muss sein! Schnell noch ein paar Bonbons bei Aldi besorgt und Äpfel aus dem Garten bereitgelegt. Da klingelt es auch schon. Vor der Tür eine Schar Größerer mit Hosen auf Halb Acht, die mir stumm ihre Beutel entgegenhalten. Singen ist wohl nicht. Die Äpfel werden abgelehnt, die Bonbons misstrauisch beäugt. „Kann aber auch Bares sein", meint einer mit leichtem Bart. Das ist doch der vom Halloween mit dem Ei! Na egal, ich bin nicht nachtragend. Zeiten sind das...

Schon gehen die Gedanken zurück, 1949... Matten Ehren, die Großen wollen mich mitnehmen, Oma hat es sogar erlaubt. Die lange Hose für den Winter gibt es erst nächste Woche, wenn Opa Lohn bekommt. Ich hasse mein Leibchen mit diesen blöden Strumpfhaltern, Strümpfe wie bei Marlene Dietrich! Maler Zille hätte seine Freude an mir gehabt. Den viel zu kurzen Wintermantel drüber und los geht es. Die Meute Kinder stürmt in die Stadt, ich komme kaum hinterher. „Wir müssen uns beeilen, um 6 machen die zu!" Im

Milchladen Montag wird nun gesungen. Es gibt zwar nichts Süßes, aber dafür ein paar weiße Margarine Figuren... Elefanten, Tiger, sogar ein Saurier ist dabei. Zum Glück ist die Schranke auf. Wir stürmen in die Wesermünder Fischhalle. Hoffentlich keinen Fisch! Glück gehabt, für Jeden ein paar Bonbons. Im Kaisers Kaffeegeschäft gibt es sogar Schokolade.

Die Singerei hält etwas auf, die Großen sind zu schnell. Wenn ich dazukomme, stelle ich mich hinten dran und kann gerade noch „freute sich die Christenheit!" mitsingen. Textsicher bin ich deshalb noch nicht. Irgendwo gibt es für Jeden einen Leibniz-Keks. Der wird gleich verputzt. Ich kaue ihn durch, spucke ihn vorsichtig wieder auf die Hand und schiebe ihn wieder rein. So hat man zweimal was davon. Das hat mir Kirsten gezeigt, die weiß sowas!

Im Galopp geht es weiter, bald ist der Süßwarenladen Schwarzlose erreicht. Mensch, vielleicht gibt´s da Pralinen! Vorn an der Tür aber leider nur ein Lehrling, der Äpfel verteilt. Macht nichts, das Beste kommt ja noch. Die Brunsviga! Ein richtiges Kaufhaus, wo man an Grabbeltischen alles kriegt, von der Hosenspange bis zur Klobürste! Gleich am Eingang eine wunderschöne Dame, die gut riecht und die Kinder abfangen soll. Hinter ihr ein Stand mit durchsichtigen Tüten und tatsächlich drei Kokosflocken, weiß, rosa und braun für jedes Kind. Sie hält mir die Tüte hin... „Och der Kleine, ist der süß! Du bist doch zu spät gekommen, sing doch nochmal!!" Ich schlucke dreimal, alles dreht sich, wie ging denn das noch? „Freute sich die Christenheit" krähe ich endlich. Mehr kann ich ja nicht. Alles jubelt und ich greife schnell nach der Tüte und rein damit in den Beutel.

Zu Hause wird der Ertrag gesichtet. Abgeben muss ich nichts! Oma greift sich nur die Äpfel, schneidet sie auf und legt die Spalten auf den Kohleherd der Küche, der die ganze Wohnung heizt. Ein herrlicher Duft strömt durch die Küche ins ganze Haus. Unvergessen... das waren Zeiten!

Nur für den Übergang...

Ein geflügeltes Wort? Ist das ganze Leben nicht ein Übergang? Aber wohin? Fragen über Fragen...

Die erste Bekanntschaft mit dem „Übergang" machte ich, als meine Mutter nach einer fürchterlich gescheiterten Ehe 1947 wieder mit dem kleinen Haubenreißer an der Hand vor der Tür meiner Großeltern in Peine stand. „Naja, für den Übergang kann er ja bei uns auf der Ritze schlafen, wir packen ihm ein paar Decken drunter!" Dieser Übergang dauerte dann ein ganzes Jahr, was mir gezielte Einblicke in ein späteres Eheleben brachte.

Im Herbst bekam ich eine neue Jacke für den Übergang. Als ich im Dezember höflich nach dem Ende des Übergang und einer Winterjacke fragte, war das aus finanziellen Gründen nicht mehr möglich. „Du kannst ja für den Übergang einen Pullover unterziehen ..." Sehnlichst wünschte ich mir eine Lederhose, wie sie inzwischen fast alle hatten. Stattdessen bekam ich für den Übergang eine blaue Stoffhose ohne

Schlitz zum Pinkeln. Besonders hasste ich mein Leibchen, an dem wie bei Marlene Dietrich lange braune Strümpfe befestigt waren. Die erste Lederhose war dann auch prompt drei Nummern zu groß und begleitete mich bis zum 15. Lebensjahr: „Eine Jeans braucht er noch nicht, er hat ja für den Übergang noch die Lederhose..."

So ging das weiter. Nach kurzem Übergang heiratete meine Mutter dann endlich „Onkel Gerd" und wir zogen in ein Reihenhaus in der Hans Böckler Straße. Sehnsüchtig hatte ich mir im Neckermann Katalog Jugendzimmer angesehen, doch für den Übergang bekam ich nur ein paar alte Möbel, die man sinnigerweise mit rosa Farbe gestrichen hatte. Leider konnte man das Haus trotz aller Sparsamkeit nicht finanzieren und meine Eltern zogen nach Gadenstedt. Ich kam für den Übergang wieder zu Oma und Opa, hatte dort mein eigene Bude und fühlte mich sauwohl.

So war mein Leben auch weiterhin von Übergängen aller Art geprägt, sie hier alle aufzuführen, würde den Rahmen sprengen. Aber eins noch: Nach meiner zweiten gescheiterter Ehe suchte ich für mich, meinen dreijährigen Knaben und einen Pudelmischling eine neue Frau, möglichst nicht nur „für den Übergang". Frauen flattern einem nicht durch den Briefschlitz ins Haus, außer denen zum Aufblasen.

Damit wollte ich mich aber nicht abgeben und so suchte ich nach anderen Möglichkeiten. Eigentlich kam ich immer recht gut bei Frauen an, aber plötzlich zog sich die Damenwelt diskret zurück.

Was mir da so über den Weg lief, wäre wirklich nur was für den Übergang gewesen: Eine Tierfreundin, die sich nach Berühren meines Hundes sofort die Finger desinfizierte. Eine Pharmareferentin, die mich zur Betreuung ihres eigens Kindes nehmen wollte. Eine frisch Geschiedene, der ich die neuen Küchenmöbel zusammenbaute, wonach plötzlich ihr "Ex" auftauchte. Eine Liebeshungrige, die mich ohne lange Vorrede auf den Rücken werfen wollte...

Internet gab es noch nicht und so antwortete ich auf eine Anzeige. Was mich dann besuchte, war eigentlich nicht mein Typ, aber ich machte mir Gedanken: „Na ja, für den Übergang... George Clooney war ich ja auch nicht..." Dieser Übergang dauert nun schon 28 Jahre. Wir haben uns zusammengerauft, die Liebe entwickelte sich nach und nach, wir sind glücklich und zufrieden. Wir kauften das Haus, wo ich bisher für den Übergang zur Miete gewohnt hatte... Übergänge über Übergänge!

Nachbarschaft

Wir wohnen heute in einer Doppelhaushälfte in Telgte, wobei die Gärten dicht beieinander liegen.
So kennt man natürlich die direkten Nachbarn und pflegt möglichst netten Kontakt. Auch die übernächsten Nachbarn kennt man noch einigermaßen, die nächsten etwas weniger, doch dann wird es manchmal schon eng. Damit liegt man heute aber noch weit über dem Durchschnitt. Bei vielen Nachbarn gibt es nur eine Art "gepflegter Gleichgültigkeit".

Noch schlimmer ist das in Hochhäusern, da wird noch nicht einmal mehr die Gleichgültigkeit gepflegt.

Wenn ich die innere Uhr 60 Jahre zurückdrehe, fällt mir natürlich sofort die Kinderzeit Mitte der 50er in der nagelneuen Mau-Mau Siedlung (Hans Böckler Straße) ein. Fehlerfrei kann ich die Mitbewohner unseres Wohnblocks heute noch aufzählen: Vorne das Ehepaar Jäckel. Wir hatten zur Hausfinanzierung damals eine kleine Leihbücherei. Frau Jäckel las leidenschaftlich "Hedwig Courths Maler" (die Pilcher der 50er) Liebesromane. Ich empfahl ihr das Buch "Zumpe in Amerika", mit den Worten: „ich habe es selbst gelesen", worin ein deutscher Boxer nach großer Karriere ein amerikanisches Mädchen zum Schluss tatsächlich küsste. Damit war es für mich ein Liebesroman... Das nette Verhältnis war nach der Lektüre etwas gestört.

Dann kam Familie Bär, wobei Sohn Peter im neuen Vater Jahn Spielmannszug war. Ständig spielten wir "Schützenfest", was mich hin und wieder auch nervte. Später habe ich ihn mit der Freischießenbegeisterung aber "rechts überholt". Dann kamen "wir", dann Kobersteins mit ihrer Laufmaschenaufnahme. Die „Flohleitern" waren damals ein lohnendes Geschäft. Neulich war Frau Koberstein bei einer meiner Lesungen und strich mir über den Kopf, als ob ich noch 11 wäre: „Der gute Junge!" Dann Kahlefendts, wo Vater und Sohn bei den "Neuen Bürgern" waren und der Sohn tatsächlich einen Motorroller mit Weißwandreifen hatte. Da saß dann auch wirklich mal eine "Braut" mit drauf, die er hinterher sofort heiratete. Der Wohnblock war in Aufregung! Dann kam das

Ehepaar Hyronimus, wo man Pyrmonter Brause in allen Farben kaufen konnte und schließlich Herr und Frau Kratz mit Sohn Ewald, mit dem ich mich heute noch ab und zu austausche: „Weißte noch, damals in der Mau Mau..."

Man nahm regen Anteil am Leben anderer, man traf sich samstags in der Gastwirtschaft "Härke Quelle" zum gemeinsamen Fernsehen (Kuhlenkampff) und spielte im Sommer tatsächlich Federball miteinander. Drücken Sie Ihrem Nachbarn heute mal einen Federballschläger in die Hand, Sie sind sofort Kandidat für die geschlossene Abteilung...

Zur Konfirmation gab es natürlich von allen Bewohnern Socken, Taschentücher und manchmal sogar Geld. Dafür wurde der Wohnblock mit Kuchen versorgt. Heute schau ich noch nicht mal mehr in die Zeitung, wer aus der Straße konfirmiert wird...

Wir ist gleichgültig geworden! Leider... Man sollte sich wirklich mehr umeinander kümmern, aber will der andere das überhaupt? Ich werde auf jeden Fall Morgen, wenn ich mit dem Hund gehe, den überübernächsten Nachbarn nicht nur grüßen, sondern mal fragen wie´s ihm geht. Mal sehen, vielleicht wird er es mir sogar sagen...

Wonnemonat Mai?

Was hatte man nicht schon alles gehört. Schließlich war man fast 18! „Oh zarte Sehnsucht, süßes Hoffen, der ersten Liebe goldene Zeit, das Auge sieht den Himmel offen, es schwelgt das Herz in Seligkeit" hatten wir noch in der Schule gelernt. Und nun lag ich hier allein mit einem echten Mädchen am Kanal auf Omas alter Wolldecke. In der Badeanstalt waren die Kumpels vom MTV stets dabei, grinsten und machten dämliche Bemerkungen.

So ging es halt mit dem Rad zur Berkumer Brücke, im hohen Gras waren wir kaum noch zu sehen. Beim Umziehen musste ich mich umdrehen, schielte aber zur Seite. Für einen kurzen Moment war da fast der Busen zu sehen. „Oh zarte Sehnsucht, süßes Hoffen", heimlich hatte ich auf einen von den neuen Bikinis gehofft, aber sie trug nur einen züchtigen Einteiler.

Ich hatte mein neues Transistorradio dabei, etwa so groß wie eine Zigarettenschachtel, mit dem man zwei Sender empfangen konnte, sogar den neuen Deutschlandfunk. „Ich will 'nen Cowboy als Mann" plärrte Gitte. Dann endlich mal was langsames. „Wir wollen niemals auseinander geh'n". Wie war das noch mit den Frühlingsgefühlen? Zur Sicherheit legte ich mich auf den Bauch und berührte vorsichtig ihren Oberarm, wo sich die Haare leicht aufstellten. Bisher hatte sie alle Angriffe standhaft abgewehrt, aber diesmal nicht. Endlich war ich mal vorangekommen! „Oh zarte Sehnsucht..."

Jetzt galt es nur noch, eine vernünftige Konversation zu führen, dann kommt alles von ganz alleine, wie im

Kino! Schon riss sie mich aus den unzüchtigen Gedanken: „Biste oft hier mit einem Mädchen?" „Nee, meist mit meinen Kumpels an der Berkumer Bucht. Wir haben sogar ein eigenes Gummiboot." Das stimmte, aber das Gummiboot war nur ein ausgedienter LKW – Reifen. Das alles schien ihr nicht zu imponieren, ich musste noch einen draufsetzen: „Wir springen dann oben von der Brücke, meist mit ´nem Köpper!" Das schien zu wirken, denn sie stand plötzlich auf. „Na dann komm mal mit!" So hatte ich mir das eigentlich nicht gedacht. „Oh zarte Sehnsucht..."

Zügig ging es mit schnellen Schritten zur Brücke, ich mit einem mulmigen Gefühl hinterher, vom Frühling nichts mehr zu spüren. Fast aufrecht erklomm sie den Brückenbogen, an der höchsten Stelle hielt sie an und schon ging es mit einem eleganten Kopfsprung ins trübe Kanalwasser. Ich war sprachlos, naja 16 Grad hatte das wohl schon... vielleicht! Auf allen Vieren krabbelte ich mühsam auf den Bogen, ja nicht nach unten gucken! Ich war zwar schon oft von der Brücke gesprungen, aber nur in Höhe der Straße. Oben angekommen richtete ich mich vorsichtig auf. Unten fuhr erstmal ein Schiff durch. Galgenfrist! Plötzlich machte auch mein Magen leichte Probleme. Sie war inzwischen an Land geschwommen. „Was ist, kommste bald? Wenn alles bei dir so lange dauert..."

Ich schloss die Augen, „Oh zarte Sehnsucht, süßes Hoffen" rezitierte ich ein letztes Mal. Ich stieß mich ab, damit ich nicht auf den Fahrbahnvorsprung knallte und ab ging es, in welcher Form auch immer. Es muss fürchterlich geklatscht haben, denn ich kam in voller Breitseite unten an. Es ging trotzdem ziemlich tief ins Wasser. Als ich prustend an die Oberfläche kam, sah ich, dass meine neue Flamme Tränen lachte. „Na, wenn das dein Köpper war..." Meine gesamte Vorderfront brannte wie Feuer, an Frühling war nicht mehr zu denken. „War halt nicht in Form", murmelte ich. Die Angebetete wurde übrigens später Mutter meiner beiden Töchter, aber das ist eine andere Geschichte...

Rumänische Impressionen...

Wir schreiben das Jahr 1976. Es sollte unser erster Familienurlaub im Ausland werden. Wir hatten gemeinsam Neptun in Rumänien ausgesucht. Die Töchter, 11 und 8 Jahre freuten sich riesig auf den Urlaub. Natürlich musste das neue Gummiboot mit. Freunde hatten uns ein bestimmtes Hotel empfohlen, doch Haubenreißer hatte im Neckermann Katalog ein Schnäppchen zum halben Preis gefunden: „Fliegen Sie mit der Condor in Ihr Urlaubsparadies. Immerhin 2 Sterne, mussten ja nicht gleich 3 sein. Einfache Zimmer, Vollpension mit Menüwahl, zum öffentlichen Strand nur über ein paar Stufen, Fernsehraum..." Skeptische Kommentare meiner Frau wurden überhört.

Der Flug mit der Condor einfach riesig. Meine Töchter fühlten sich wie Prinzessinnen und wurden von den Stewardessen auch so behandelt. In Rumänien dann die Riesenenttäuschung. Zum Strand ging es 300 Stufen bergab und hinterher wieder hinauf. Das Gummiboot habe ich nur einmal geschleppt. Es war durch die Brandung ohnehin zu nichts nütze. Der Strand proppevoll.

Liegen gab es nicht, man grub sich halt in den Sand. Meine Töchter sah ich nur noch selten, sie hatten zwei gleichaltrige Mädels aus Hamburg kennengelernt und einen Riesenspaß.

Die „Menüwahl" beschränkte sich auf ein heimatliches Gericht oder Schnitzel mit Gemüse, das man scheinbar vorgekocht hatte. Das heimatliche Gericht war ungenießbar, die Schnitzel schmeckten nach Pappe, so dass wir das Mittagessen bald ausfallen ließen und uns am Strand etwas Gegrilltes besorgten. Katastrophe!! Die Blicke meiner Liebsten sprachen Bände...

Leider habe ich am ersten Tag schon meine Jeans an die Bedienung verkauft, was uns das Interesse des gesamten Personals einbrachte. Ruck zuck, waren die Klamotten weg. Zunächst habe ich sogar ein T-Shit verschenkt, doch dann erwachte der Geschäftssinn. Ein Zipfelkleid meiner Ehefrau brachte bei der Dame an der Rezeption den doppelten Einkaufspreis. Meine letzte Jeans wollte der Bademeister am Strand haben, er bot mir dafür kostenfrei seine Hose an, doch damit hätte man mich nicht ins Flugzeug gelassen.

1976 war auch die Olympiade in Montreal, wozu ich hin und wieder nun den versprochenen Fernsehraum aufsuchte. Ich wunderte mich über die rumänische Sportbegeisterung, denn fast das gesamte Personal war hier auch vertreten. Allerdings fiel mir auf, dass mich einige feindselig ansahen und dazu gähnten. Des Rätsels Lösung: Das Hotel war total überbucht, man hatte für das Saisonpersonal noch nicht einmal Zimmer und so schlief man halt im Fernsehraum.

Mit dem erzielten Reingewinn unsere Urlaubskleidung buchten wir einen Kurztrip nach Istanbul, wo wir uns dann richtig satt aßen. Meine Liebste leistete sich einen nagelneuen Ledermantel, was den Verlust des Zipfelkleides ungemein erleichterte. Da die Ausfuhr von Lederwaren damals noch verboten war, wickelten wir den Mantel in das Gummiboot, so war es doch noch zu etwas nütze.

Wir freuten uns auf den erholsamen Rückflug mit der Condor, doch stattdessen stand da ein Propellerflugzeug der rumänischen Tarom. Meine Frau wunderte sich, dass die Putzfrauen mit Kopftuch nicht von Bord gingen, doch das waren die rumänischen Stewardessen. Wegen unserer nun sehr ärmlichen Kleidung schenkte man den Töchtern keinerlei Beachtung mehr.

Rumänische Impressionen, heute würde man einen dreiseitigen Mängelbericht anfertigen, aber man war ja noch jung.... und lernfähig! Der Ledermantel löste sich übrigens nach einem Jahr durch den Verlust sämtliche Nähte in seine Bestandteile auf...

Summertime oder Sommerzeit?

Summertime, sofort hat man Musik im Ohr. Musik begleitet uns ein ganzes Leben. "Summertime" von George Gershwin aus Porgy and Bess, ursprünglich ein Wiegenlied. „Wunderschön, die Ami – Musik ist eigentlich gar nicht so schlimm", meinte meine Mutter damals. Da konnte man die große 78er Schellack

Platte von Perry Como in der neuen Musiktruhe auflegen, die Terrassentür auflassen und sich abends nach getaner Arbeit im Holzliegestuhl einen Lufthansa – Cocktail genehmigen. Heile Welt der Nachkriegszeit...

Bis dann der Hammer kam! Eddie Cochran, "Summertime Blues". 1958!! Knallharter Gitarrensound! Ein Song über den Frust der missverstandenen Teenager. Ich hatte mir die Platte vom Konfirmationsgeld zugelegt. „Mach die Negermusik aus!" tönte mein neuer Vater. Ich durfte die Platte nur auflegen, wenn er nicht zu Hause war, dann aber meist 10 Mal hintereinander. So baut man auch ohnmächtigen Zorn ab. Wir verstanden uns recht gut, aber bei Musik kannte er kein Pardon, außer bei Perry Como.

"In the Summertime", der Sommerhit von Mungo Jerry 1970!! Eine Mischung aus Blues, Skiffle und Latin Musik, mit dem Motorsound eines Sportwagens untermalt. Im Text sorglose Sommerzeit mit Alkohol, Autos und Mädchen. Irgendwie passte das alles. Ich hatte eben meinen hoffnungsvollen Beruf als Bankkaufmann beendet und gemeinsam mit meiner Ehefrau das Vereinsheim des MTV Vater Jahn übernommen. Eigentlich ein Wahnsinn, aber man war jung und voll Tatendrang. Besonders hatten es uns die Handballer angetan, obwohl ich ja eigentlich Fußball spielte. Eine überaus lebensfrohe Truppe.

So wurde der Jahnplatz zum Geheimtipp der Peiner Jugend. In diesem heißen Sommer ging es abends oft hinaus ans Lagerfeuer, dazu die Musik von Simon and Garfunkel, Cat Stevens, Leonhard Cohen und natürlich Mungo Jerry: „In the Summertime". Mit dem Sound im Ohr fuhr die ganze Truppe oft noch nachts zur Handorfer Kieskuhle zum textilfreien Bad. Man war halt nur einmal jung! Wir wollten die Welt verändern, ganz haben wir es nicht geschafft...

So schwelge ich in Erinnerungen, bis mich die Stimme meiner Liebsten aus den Träumen holt: „Schatz, hast du die Uhren schon alle umgestellt? Wir haben doch Sommerzeit... Summertime!"

Wo ist Ale????

Es war noch ein richtiger Winter, damals in den 70ern! Schnee ohne Ende und somit war Wintersport angesagt. Mit unserem Freund "Ale" ging´s in den Harz zum Skilaufen. Wie immer, war auch Bernhardiner Asbach mit dabei. Vom Skilaufen keine Ahnung, aber Langlauf würde wohl gehen. Zwar gab es im Harz schon damals einige Loipen, aber als Naturfreund hatte ich einen weniger bekannten Rundweg mit einer Waldschänke ausgesucht. Ski besaßen wir nicht, aber die gab es ja im Harz zu leihen. „Könnt ihr überhaupt laufen?" fragte der Verleiher misstrauisch. „Naja, einen Rettungshund habt ihr ja dabei!" Der gute Mann war hauptberuflich Tischler, Ale bewunderte die Särge nebenan. „Die haben hier ja an alles gedacht", grinste er noch.

Nun ging es los, die Ski wurden geschultert, denn es ging ständig steil bergauf. Das hatte ich nicht bedacht. Die Stimmung sank, nur Asbach war bester

Laune. Endlich eine kleine Abfahrt, aber dauernd lief Asbach in die Spur. Zum Glück hatten wir Glühwein "Halb und halb" mit dabei. Wieder ging es bergauf. „Wenn wir weiter Freunde bleiben wollen, gehste die Strecke nächstens ab! Hoffentlich hat wenigstens die Kneipe auf!" Freundschaft wird manchmal auf harte Proben gestellt. Vielleicht hätten wir es doch erstmal mit einer Loipe versuchen sollen.

Endlich eine richtige Abfahrt! Zwar ging es dann gleich scharf nach rechts, aber wenigstens bergab... Ale donnerte los, nach rechts und war dann nicht mehr zu sehen. Meine Frau und ich fuhren vorsichtig hinterher. Der Weg machte nun eine weitere Kurve nach links, aber Ale´s Skispur ging weiter geradeaus in eine Schonung. Asbach such!

Mir fiel nun eine damals sehr bekannte Olympia Sportreportage von Bruno Morawetz ein, als er ständig nach dem Verbleib des deutschen Langläufers Jochen Behle fragte: „Wo ist Behle? Wo ist Behle?" Wir fragten nun: „Wo ist Ale? Wo ist Ale?" „Nichts zu sehen, vielleicht ist er ja schon in der Waldschänke und hat schon mal bestellt?" Dann oben in einer Tanne ein Langlaufski! Ale war noch dran, aber leider kopfüber in der Tanne: „Holt mich hier raus!" Asbach schleckte ihn erstmal ab und wir zogen ihn langsam aus dem Gehölz. „Mensch, mein Schulter!" Der Arm hing schlapp nach unten. Meine Frau drehte aus ihrem Halstuch eine Schlinge für den Arm und stütze den verletzten Skikönig. „Haubenreißer, du und deine Wanderungen!" Immer war ich an allem schuld.

Ich schulterte nun drei Paar Langlaufski, hinter mir stapfte meine Frau mit dem Verwundeten und den Stöcken, ganz am Schluss trottete der Rettungshund. Als die Karawane den Skiverleih erreichte, war es schon dunkel. Der Verleiher grinste, ersparte sich aber zum Glück weitere Kommentare, vielleicht auch, weil Asbach knurrte.

Als wir das Peiner Krankenhaus erreichten, war die Stimmung gedämpft. Selbst mein Spruch „Ich bringe Ihnen Herrn Neureuther" konnte Ale nicht erheitern. Wie gesagt, Freundschaften werden manchmal auf harte Proben gestellt... und das alles bei 1 Grad unter Null!

Die Telefonzelle

Rosamunde Pilcher würde die nun folgende Geschichte wohl mit „Irrwege des Herzens" überschreiben. Wir schreiben das Jahr 1988. Ein alleine gelassener Haubenreißer fristet sein Dasein mit einem 5 jährigen Knaben und einem Mix zwischen Pudel und Scheuerlappen (beide etwas schwer erziehbar) in seiner Telgter Doppelhaushälfte und meint: „Eine Frau wäre wohl nicht schlecht..." Er kann nicht verstehen, warum die Damenwelt plötzlich einen Bogen um ihn macht.

Zu gleichen Zeit in Lüchow, nahe der Zonengrenze: Eine ebenfalls einsame Tschechin sucht mit ihrer niedlichen Tochter Peine auf der Landkarte. Da hat ihr doch unter 60 Mitbewerbern auch ein Fußballer und Wanderer (beides igitt) aus Peine auf ihre Bekanntschaftsanzeige in der Zeitung geantwortet. Sicherlich ist der Kerl nicht erste Wahl, aber am Telefon hörte sich das nett an. Man beschließt, sich zu beschnuppern, bei „ihm" im Garten...

Ich habe ihr den Weg in den Stadtteil Telgte genau erklärt: immer Richtung Burgdorf, dann die Vorletzte links! Die Damen erkennen Peine auf der Karte als kleines Dorf zwischen Hannover und Braunschweig. Ganz einfach, sicher nur eine Straße, am Ende dann irgendwann einfach links, wie er gesagt hat. Los geht die Fahrt! Man kommt aus Richtung Stederdorf unter der Autobahn hindurch... nirgends ein Schild Richtung Burgdorf! Man fährt tatsächlich in die Celler Straße, "Rosenclub", was ist das denn??? Es geht auf den Fuhsering und dann in die Südstadt. Man wundert sich über die vielen türkischen Mitbürger und erreicht schließlich Dungelbeck. Hier wird erstmal nach dem Weg gefragt. Frauen machen das! Es geht nun zurück in den Peiner Kreisverkehr zu einer mittleren Stadtrundfahrt. Irgendwann schnurstracks Richtung Stahlwerk. Imposant, aber wo ist die Laubenkolonie? Wieder auf den Fuhsering. Da endlich: Ein Schild Richtung Burgdorf! Man rauscht mehrmals an Telgte vorbei, lernt schließlich Vöhrum kennen und sieht am Ortseingang Sievershausen eine rettende Telefonzelle (für jüngere Leser: hier konnte man mit Schnur und Hörer telefonieren). Mit rollendem „R" wird Gerrrolf angerufen und ich habe die Beiden dann tatsächlich mit „präziser" Ortsangabe nach Telgte umgeleitet. Nun kann man aber aus Vöhrum kommend das Straßenschild „An der Laubenkolonie" nicht sehen und so geht es wieder in

Richtung Fuhsering. Alles, aber nicht wieder das Stahlwerk!! Volle Drehung über vier Spuren, zurück zum Burgdorf-Schild. Hoffentlich lohnt sich das überhaupt! Wieder Richtung Vöhrum, wo hört Peine auf, wo fängt es an? Den Tränen nahe, plötzlich ein Straßenschild „An der Laubenkolonie"!! Die Peiner Restfamilie steht zur Sicherheit winkend vor der Tür.

Inzwischen leben wir schon lange Zeit glücklich zusammen und genießen das Rentnerdasein. Man hätte schon Silberhochzeit gehabt, wenn man denn geheiratet hätte... Die Kinder sind längst aus dem Haus. Oft sind wir an der Telefonzelle in Sievershausen noch vorbeigefahren: „Weißte noch...damals?" Die Telefonzelle ist längst verschwunden... ich war's aber nicht!!!

Die Familienkarte

Hier stehe ich nun Anfang der 90er Jahre in einer langen Warteschlange vor der Badeanstalt. Schon falsch, neuerdings sagt man ja Freibad! Wer weiß, was da noch alles kommt... Vor mir eine türkische Großfamilie, heute sollen an der Kasse verbilligte Familienkarten ausgegeben werden. Hinter mir sehe ich aus den Augenwinkeln zwei nette junge Damen, leider nicht mehr meine Altersklasse.

Eigentlich sollte ich mir das abgewöhnen, schließlich habe ich eben erst meine neue Lebenspartnerin mit ihrer niedlichen Tochter kennengelernt. Ich habe in die neue Beziehung meinen 8 jährigen Knaben eingebracht, den ich bisher nach Strich und Faden verwöhnt hatte. Ich mache mir weiter Gedanken, in die Schlange kommt noch keine Bewegung. Als Alleinerziehender wollte ich es ihm an nichts fehlen lassen. Erfahrung in Erziehungsfragen hatte ich eigentlich genug, schließlich waren zwei wunderbare Töchter aus erster Ehe inzwischen verheiratet und selbst Mütter, aber dieser Spross aus zweiter Hand forderte mich voll. Dazu der Stress im Job, mehrtägige Aufsichtsrats – und Betriebsratssitzungen, ohne die verständnisvollen Eltern meiner zweiten Ex-Frau hätte ich das alles nicht geschafft. Dem Knaben bereitete die neue Beziehung Probleme, bisher war Papa ausschließlich nur für ihn da. Auch in der Schule lief längst nicht alles nach Plan...

Nun also die Familienkarte. Aber geht das überhaupt? Wir sind doch gar nicht verheiratet... Hinter mir unterhalten sich die beiden jungen Damen angeregt. Ich werde unfreiwillig Zeuge ihres Gesprächs, offensichtlich sind das Lehrerinnen: „Das ist vielleicht ein Früchtchen... Neulich musste er sogar vor die Tür, weil er dauernd den Unterricht gestört hat." Ich musste unbewusst grinsen, das könnte glatt meiner sein. Meine Neugier war geweckt, die Erzählung ging weiter. „Naja, irgendwie ist es dem Bengel wohl langweilig geworden. Auf der Toilette hat er dann eine Dose mit Scheuermittel entdeckt. Damit ist er dann an die Balustrade gegangen und hat gewartet, bis seine Mitschüler aus der Klasse kamen. Dann wollte er sie wohl von oben mit dem Scheuermittel etwas einstäuben. Unten war nun aber inzwischen die Schulkommission des Landkreises Peine angekommen, die Damen und Herren waren plötzlich strahlend weiß!

Wenn das meiner wäre... Naja, der Vater ist angeblich alleinerziehend, was soll da schon groß bei rauskommen... Soll aber ganz nett sein." „Tolle Geschichte, wie heißt denn der Sprössling?" „Warte mal, da fällt´s mir ein, Dennis Haubenreißer!"

Ich muss dreimal schlucken, die Knie werden weich. Vor mir hat die Türkenfamilie ruck zuck die Familienkarte bekommen. Dafür gibt es bei mir Probleme. „Eine Familienkarte für 4 Nichtverheiratete!" Die Kassenfee stutzt, bis ich ihr meine Situation auseinandergesetzt habe.
Die Damen hinter mir hören interessiert zu. „Von ihrem Sohn brauchen wir dann aber noch die Geburtsurkunde, Herr Haubenreißer!" tönt es in voller Lautstärke. Mit hochrotem Kopf drehe ich mich zu den beiden Damen um. Peinlich, peinlich... augenscheinlich für alle! „Ich wünsche Ihnen trotzdem in ihrem Job weiter alles Gute..." murmele ich noch.

Übersinnlich?

Wir sitzen bei einem Glas Rotwein. Kerzenschein, leise Musik, wie in „besten Zeiten". „Hase, eigentlich haben wir es ja ganz gut, wir sind gesund und haben zum Jahresschluss sogar etwas Geld über... Was hältst du davon, wenn wir Weihnachten statt nutzloser Geschenke eine kleine Kurzreise machen?" „Naja, wäre schön, aber was machen wir mit dem Streichelzoo? Tierheim???"

Wie auf Kommando kommt Hündin Heidi aus dem Korb. Ein Beagle Mix, den man als Welpe aus einer Mülltonne auf Kreta gerettet hat. Schon liegt der Kopf auf meinen Knien, vorwurfsvolle Hundeaugen blicken zu mir auf. Dieser Blick! Das geht voll ins Herz. Hat die das mitbekommen? Man sagt ja, dass Tiere einen siebten Sinn haben, aber das kann eigentlich nicht sein.

Gleichzeitig erhebt sich unsere norwegische Rassekatze von ihrem Paradekissen und schmiegt sich an meine Liebste. Das ist das Zeichen für den Mini-Stubentiger Kitty, ein Fundstück aus dem Wald, das den Winter alleine nicht überlebt hätte und streicht uns schnurrend um die Beine. Was ist denn mit denen los? Unheimlich!

„Tierheim wäre schon schlimm über Weihnachten, lass uns das nochmal überschlafen..."
Am nächsten Morgen wird uns die Entscheidung abgenommen. Im Briefkasten liegt die Rechnung zur Strom-Gas Nachzahlung. Der Abfluss ist verstopft, die Rohrreinigung per TV-Kamera kostet so viel wie ein gebrauchter Kleinwagen. Die Waschmaschine gibt nach 5 Jahren den Geist auf, am Abend hat das DVD Gerät plötzlich keinen Ton mehr. Der Marktleiter vom Elektromarkt kennt uns inzwischen und begrüßt uns mit einem freundlichen Augenzwinkern. Mordgedanken!

„Wenn´s kommt. kommt immer alles zusammen", hat schon meine Oma immer gesagt.

Wir sitzen bei einem Glas Rotwein. Kerzenschein, leise Musik. Zum Glück immer noch halbwegs gesund, aber das schöne Geld ist weg. Heidi liegt in ihrem Körbchen, ein Zahn ist zu sehen. Es sieht aus, als ob sie grinst. Die große Katze schläft tief auf ihrem Kissen, von der kleinen schwarzen kommen leise Schnarchtöne vom Kratzbaum. Vielleicht träumt man schon vom Weihnachten daheim...

Ein dicker Brocken...

25 Jahre! In der Jugend eine Ewigkeit, im Alter kommt es einem vor, als wäre es gestern gewesen. Wir hatten uns gerade kennengelernt. Ich heuchelte Interesse an ihren Blumengestecken und blätterte sogar mit im Otto – Katalog. Sie tat, als ob sie sich für Fußball interessierte und machte meine gezielten Wanderungen zähneknirschend mit. Unsere beiden Kinder, ihre niedliche Tochter 12, mein hoffnungsvollere Knabe 7 Jahre alt, beobachteten die Entwicklung mit gemischten Gefühlen.
Die Grenze war eben geöffnet, ich hatte den Harz in allen Richtungen durchwandert, nun war plötzlich sogar der Brocken erreichbar. Man schlug vor, zu warten, bis die neue Brockenbahn eröffnet hat. Das tat ich mit dem Hinweis auf "Warmduscher" ab. Wie sich später herausstellen sollte, wäre eine warme Dusche genau das Richtige gewesen... Der Wetterbericht verhieß nämlich nichts Gutes. Es war Januar, ringsum Tiefschnee. Wir stellten das Auto in Oderbrück ab. Hier kannte ich an der alten Peiner Skihütte jeden Weg und Steg.

Tatsächlich waren sogar einige Bekannte unterwegs, die meine neuen Mitwanderer interessiert bestaunten.

Eine endlose Schlange von Menschen quälte sich Richtung Gipfel, allerdings wurde sie aus gutem Grund immer lückenhafter. Es schneite nämlich immer mehr und es pfiff uns ein eiskalter Wind entgegen. Die Kinder tobten zunächst vergnügt im Schnee, dann wurden die Schritte immer langsamer. Mein Bengel war noch dazu in einen zugefrorenen Graben gesprungen, wobei leider das Eis etwas nachgegeben hatte. Pitschnass!
Die zunächst lebhaften Gespräche froren buchstäblich ein, die Stimmung erreichte ebenfalls den Nullpunkt. Man forderte nun zu Dritt die Umkehr, doch ich ließ mich nicht beirren: „Da oben gibt´s eine prima Erbsensuppe mit einer Riesen-Bockwurst!" Natürlich hatten meine Mitstreiter inzwischen Hunger bekommen und die Aussicht auf eine heiße Erbsensuppe hielt sie aufrecht. So stapfte man nun ohne weitere Wortbeiträge Richtung Gipfel, die Schritte wurden immer schleppender. Nun war der Gipfel im Schneesturm sogar deutlich zu sehen. Auf dem Plateau gesellte sich zum Schneesturm noch ein kräftiger Eisregen, es wurde spiegelglatt. Wir klammerten uns aneinander, die beiden Kinder schützend in der Mitte.

Endlich die Hütte! Ich stieß mit dem Fuß die Tür auf, warmer Kneipenduft und der Geruch deftiger Erbsensuppe schlug uns entgegen. Die Tische ringsum fast alle besetzt, man löffelte in froher Runde, einige Köpfe hatten sich dank Erzählungen und Weizenbier schon rötlich gefärbt. Wir reihten uns in die Schlange vor dem großen Suppentopf ein, der Wirt langte hier selbst zur Kelle: „Bitte gleich bezahlen!" Ich fasste in

meine Jackentasche, da war nichts! Schweißgebadet durchforstete ich nun sämtliche Taschen: Alles leer, bis auf ein zerknülltes Papiertaschentuch. Panik!! Ich hatte mein Geld im Handschuhfach vergessen. Eine spätere Überweisung der Zeche wurde vom Wirt persönlich dankend abgelehnt. Ich sah mich um, irgendjemand wird dich schon kennen! Schließlich hatten wir doch vorhin noch Bekannte getroffen! Doch da war niemand mehr.
Die Kinder maulten, ich meinte sogar Begriffe aus dem Tierreich zu hören. Der Kommentar meiner Liebsten keinesfalls druckreif. Immerhin gelang es uns, uns ein wenig aufzuwärmen, der Rückweg verlief ohne weitere Gespräche und man stellte das gemeinsame Wandern zunächst etwas ein. Meine nagelneue Harz- Wanderkarte war auch plötzlich nicht mehr zu finden...

Sehnsucht...oder was?

Sehnsucht...? Da fällt nicht nur mir die Sängerin Alexandra ein, die mit samtweicher Stimme sang „Sehnsucht heißt ein altes Lied der Taiga, das schon damals meine Mutter sang". Aber meinen Sie wirklich, dass sich ein Popstar der 60er Jahre im blühenden Wirtschaftswunderland nach Chruschtschows russischer Taiga sehnte? Da kann die Balalaika noch so sehnsuchtsvoll geklungen haben, da war der Minirock doch näher als der Trachtenfummel.

Aber lassen wir die arme Alexandra mal außen vor. Man sehnt sich immer nach dem, was man gerade nicht hat. Viele ältere Menschen sehnen sich nach der Vergangenheit. Waren die 50er nicht eine herrliche Zeit mit heiler Welt, erstem Italienurlaub, erstem Fernsehgerät, Federballspiel und bescheidenem Wohlstand, wo man sich noch über Kleinigkeiten freute? Waren sie zweifellos! Aber war das nicht auch die Zeit, als viele noch hungerten, zu siebt in bescheidenen Wohnungen hausten, Frauen kaum Rechte hatten, Schwule ins Gefängnis kamen, Kinder verprügelt wurden und man ganze zwei Wochen Urlaub bekam? In der Erinnerung verklärt sich vieles. Allerdings hatte diese Zeit etwas, was man heute kaum noch kennt: Nestwärme und Geborgenheit. Man nahm sich noch Zeit füreinander. Die Kinder lebten zwar ihre Freiheit aus, waren oft den halben Tag zum Spielen auf Achse, aber wenn sie dann nach Hause kamen, war immer jemand für sie da. Das war schon etwas anderes als die Gefühlskälte unserer heutigen Zeit. Da kann schon Sehnsucht aufkommen.

Man sollte das aber nicht übertreiben und mit dem zufrieden sein, was man hat. Wir haben zu Hause einen Streichelzoo, den wir nicht alleine lassen. Natürlich sehnt man sich nach Urlaubsreisen. Wäre schön, noch einmal ferne Länder zu sehen, am Strand zu liegen und sich verwöhnen zu lassen. Aber wenn ich morgens ins Wohnzimmer komme und unsere Hündin sich auf den Rücken dreht, damit ich ihr den Bauch kraule, die große Katze voll Vorfreude schnurrt und die kleine sich vor meinen Füßen langmacht, um mir zu zeigen wie groß sie schon ist, dann vergeht die Sehnsucht nach fernen Ländern und man freut sich auf den heutigen Tag.

Mich überfällt oft Sehnsucht nach meinen Kindern und vor allem Enkelkindern, die in ganz Deutschland verstreut leben. Gerne würde man sie „opamäßig" knuddeln. Noch dazu, wo die Hälfte von ihnen im schönsten Winkel Bayerns wohnt. Ich liebe die Berge, aber spätestens in der ersten Juliwoche hätte ich wieder Sehnsucht nach dem ollen Peine, wenn sie hier ihr „Stammesfest" feiern.

Ein wenig Sehnsucht gehört aber immer dazu. Man sollte das nicht unterdrücken, denn Sehnsucht kann auch eine Triebfeder sein, noch etwas zu unternehmen. Man hat noch ein Ziel, man möchte noch etwas erreichen. Also, haltet die Sehnsucht wach, lebt sie irgendwann aus, es lohnt sich!

Disco-Signale

Konzert der Rubettes in Hannover! Kennen Sie die noch? „Shugaaaar Baaaby love... huuu, huuu, huuu... Lange her, „Verdamp lang her" würde BAP singen. Hier singen aber die Rubettes, glauben sie zumindest. Playback! Sind auch älter geworden... Kaum noch Haare auf´m Kopp... Waren doch mal lang...

Irgendwer hat mir die Karte zum Geburtstag geschenkt. An die teure Bahnfahrt hat der aber nicht gedacht. Dabei gehört man eigentlich schon zur Peter Kraus Generation..."Sugar Baby" oder so...dann schon lieber „Sugar baby love"... das singen die jetzt auch....huu, huu, huuuuuu...

Ich lehne mit dem Rücken am Tresen, bestelle mir ein Bier... fast wie früher! Habe mir eine schwarze Lederjacke zugelegt... sind ja wieder in Mode! Das waren noch Zeiten, als man damals lässig an der Theke lehnte, in der rechten Hand das Bier, links die Zigarette und aus den Augenwinkeln die Weiblichkeit beobachtete. Ansonsten der Blick starr geradeaus, Modell "einsamer Wolf". Das war das Signal für die Weiblichkeit. Man räusperte sich und kam mit den Damen wie von selbst ins Gespräch. Die Kneipen dazu gibt's kaum noch, man sieht inzwischen nicht mehr, wo die Lederjacke aufhört und das Gesicht anfängt. Auf ein Räuspern käme von der Dame wohl nur noch die Frage, ob man einen Arzt braucht.

Auf die Anmache „sind wir nicht mal zusammen zur Gunzelinschule gegangen" käme nur noch die Gegenfrage „was haben Sie denn da unterrichtet?" Man kommt zu der Erkenntnis: Die Jagd ist aus!

Obwohl... die etwas korpulente da rechts... die guckt doch ganz interessiert... ob´s vielleicht doch noch klappt? Rechts das Bier, die Zigarette fällt weg (inzwischen Nichtraucher) aber der Blick starr geradeaus... Man bringt sich in Position! Modell einsamer Wolf!! Das alte Signal!

Da... es klappt!!! Sie kommt tatsächlich auf mich zu: „Halloooo, sind Sie der Opa von Nicole, der uns hier abholen soll?" „Boooaaah!"

Ein einfach unglaublicher Absturz...

Hier sitze ich nun mit drei fröhlichen jungen Damen, früher sagte man Teenager, im Auto Richtung Heidepark. Alle drei eifrig am „Schnattern", nur die Älteste versucht hin und wieder per SMS verzweifelt ihren Freund zu erreichen. So ist das heute mit Enkelkindern. Ich muss an meinen eigenen Opa denken. Zum Karussellfahren bekam man damals 50 Pfennige in die Hand gedrückt für die Raupenbahn beim Rummel auf dem Wilhelmsplatz. Mein Opa in so einem Karussell? Unvorstellbar! Ab 50 hatte man sich in dunkler Kleidung klaglos auf den Lebensabend vorzubereiten.

Da reißen mich die lieben Kleinen aus den Gedanken: „Opa, wir sind gleich da!" An den Kassen Riesen Menschenschlangen, der Park macht gerade auf. Opa zahlt, ein Großteil meiner Rente wird einkassiert. Ich bekomme als Rentner zum gleichen Preis eine Jahreskarte mit Bild. Der Olle kommt sowieso nicht wieder. Sofort geht es im Schweinsgalopp zur Achterbahn, weil die Warteschlange jetzt noch kurz ist, Opa hat Mühe mitzukommen. Mit unserer Freischießen Achterbahn von früher hat das Ding nicht mehr viel zu tun. Ich hole mir ein paar blaue Flecken. An andere Stelle geht es im Sitzen an einem Turm hoch über die Heide. Oben dreht es sich gemächlich und ich bewundere die herrliche Aussicht, bis das Ding urplötzlich nach unten saust. Opa wird grün im Gesicht.

Aus den Augenwinkeln sehe ich den ganzen Tag ein Fahrgeschäft, in dem eingehängte Jugendliche im freien Fall 40 Meter kreischend in die Tiefe rasen, das

Ding nennt sich Krake. Hoffentlich bleibt mir das erspart. So vergeht der Tag, Opa ist ziemlich am Ende: „Lasst uns gemütlich zum Auto gehen!" „Nee, jetzt noch der Krake!!" Wieder Schweinsgalopp, Opa kriegt etwas Atemnot. „Da gehe ich nicht rein!" Die Damen kichern: „Lass krachen Alter!" Wo haben die das bloß her? Na los, auf geht's! Vorher kann man noch Wertsachen abgeben. Mein Testament habe ich nicht dabei. Auf einem Schild hat jemand Kreidestriche gemacht. Darüber steht: „Lost in the deep." Verloren in der Tiefe, das macht Mut!

Ich werde auf einen Sitz geschnallt, die Füße hängen runter. Man hängt an der Decke wie in der Aalräucherei. 17 Jugendliche und ich! Mein Nebenmann grinst, man stößt sich an: „Guck mal der Grufti!" Schon geht's in schneller Fahrt nach oben. An der höchsten Stelle hält das Ding an und kippt leicht nach vorne, damit man sehen kann, wo man vielleicht landen wird. Unten hat ein Riesenkrake sein Maul aufgerissen, da rein soll es gehen! Mir fällt wieder mein Opa ein, wenn der mich sehen könnte! „Mensch, meine Brille!!!" Im letzten Moment nehme ich sie noch ab. Dann geht es in die Tiefe, 40 Meter freier Fall! Ich schließe die Augen, es saust in den Ohren, so ähnlich muss Bungeejumping sein! Die Jugendlichen kreischen, Opa ist ganz still, bis ihn der Krake endlich schluckt. Alles überstanden, nur die Knie sind etwas weich und die Brille in der Hand leicht verbogen.

Ich setze mich auf die nächste Bank, die lieben Kleinen sind nochmal zurück. Schon sind sie wieder da,

in den Händen einen Umschlag. Darin ein Foto, wie ich im Maul des Kraken in den Seilen hänge.
Wenn das mein Opa noch erlebt hätte, einfach unglaublich. „Mensch Opa, du hast es gut, du hast jetzt 'ne Jahreskarte" höre ich noch...

Erntezeit...

„Schau mal, die herrlichen Apfelblüten", meint meine Liebste noch. Ich sehe es mit Sorge und denke schon mal an die Ernte. Und so kommt es dann auch: 4 Apfelbäume für 2 Personen!! „Lass ja die Blumen darunter heile", höre ich noch. Am einfachsten wäre es, einen Hubschrauber einzusetzen. Den habe ich aber nicht und so pflücke ich erstmal die schönsten Äpfel in 6 Stiegen.

Der Rest soll in die Mosterei nach Klein Lobke. Zur Sicherheit rufe ich da vorher an. „Natürlich können Sie schon Äpfel bringen", werde ich belehrt. Ich schaue noch schnell, ob meine Liebste in der Nähe ist, dann bekommt der Baum einen gewaltigen Tritt, schließlich ist man alter Fußballer. Das Einsammeln ist einfach, den Rest muss ich aber doch mühsam mit Leiter, Harke und Kescher holen. Sechs Waschkörbe sind voll, der Schweiß läuft.

In der Mosterei sind noch 6 Leute vor mir dran. Nach einer dreiviertel Stunde kippe ich meine Ernte endlich auf das Laufband. 12 Kisten Apfelsaft soll ich dafür bekommen. Wer soll das alles trinken? An der Ausgabe dann die Ernüchterung: „So viel haben wir noch nicht!" „Aber ich habe doch extra angerufen!" „Sie haben angerufen, ob Sie Äpfel bringen können, von Saft war keine Rede." Mir schwillt langsam der Kamm, nochmal 20 Km Fahrt. Ich erhalte einen Abholschein.

Eine Woche später mache ich mich bei brütender Hitze wieder auf den Weg. Ich mache die Scheibe runter. Der Schein liegt auf dem Beifahrersitz. Vor mir Ein PKW mit Hänger voller Äpfel. Den überhole ich noch schnell wegen der Wartezeit. „ Ätsch!!" In dem Moment fliegt der Abholschein aus dem Fenster. Draußen stürmt es inzwischen, es soll Gewitter gebe. Der Schein fliegt auf ein Stoppelfeld und immer vor mir her. Es gießt inzwischen in Strömen. Endlich hab ich ihn, Schein und Rentner pitschnass. Nach einer weiteren Stunde habe ich meinen Apfelsaft. Ich rechne die Geschichte kurz durch. Einschließlich Arbeitsaufwand habe ich ein schlechtes Geschäft gemacht. Aber es zählt ja der ideelle Wert.

Den Rückweg nehme ich über die B65. Die Gedanken schweifen zurück. Hier bin ich früher mit meiner Kreidler bei Wind und Wetter zur Bundeswehr nach Langenhagen gefahren. Das waren noch Zeiten: Urlaub bis zum Wecken! Zwischen Mehrum und Haimar geht es ellenlang geradeaus, da bin ich dann mal eingeschlafen und im Graben gelandet.

In Mehrum war früher mal eine Tankstelle, da habe ich morgens um 5 den Besitzer für 3 Liter Mopedbenzin rausgeklingelt, weil der Sprit alle war. Der war zunächst ganz schön brummig, bis ich ihm meine Lage erklärte. „Was beim Bund sind Sie? Bei den

Flakpanzern?" Ich war auch bei den Panzern. Ich erfahre notgedrungen alle Einzelheiten über die Schlacht bei Kursk. „Drei Liter macht eine Mark und Achtzig!" Er schaut mich an, „Ach, lass man stecken Kamerad..."

Lang, lang ist´s her, jetzt müsste gleich der Blitzer Kommen. „Mensch, der Blitzer!" Vollbremsung, zwei von den Apfelkisten rauschen nach vorne. Aber es ist schon zu spät. Auf dem Foto: Haubenreißer bei der Apfelernte...

Ein schöner, schlanker Hals...

11.00 Uhr morgens auf dem Schützenplatz. Wir drehen mit dem Auto eine Ehrenrunde nach der anderen. Wir wollen ins Rathaus zur Briefwahl und suchen einen Parkplatz. „Direkt davor kostet es nix, das ist extra für Bürger mit behördlichen Anliegen", hat meine Liebste gesagt. Die verdreht nun neben mir die Augen, als direkt vor mir eine junge Dame in die letzte freie Lücke fährt. „Da vorne wird noch was frei! Warum lässte denn die olle Zicke vor, wir waren doch zuerst da! Du immer mit deiner Höflichkeit, du bist zu gut für diese Welt". Mir läuft der Schweiß, es geht in die 27. Runde... 12.Uhr mittags... Da gibt es doch so einen Film. Ich summe die Filmmelodie vor mich hin. Da plötzlich, da fährt tatsächlich einer raus! Ich schiebe mich in die Parklücke. Geschafft!

Im Rathaus ein Schild mit Pfeil: „Zur Briefwahl" Dahinter noch eins: „Bitte erst an der Info melden!"

Bei der Briefwahl nichts los, aber an der Info eine lange Schlange. Ich will daran vorbei. „Hallo junger Mann, das geht nicht, Sie müssen erst hierher!" Warum sagen die alle „junger Mann" zu mir? Wir stellen uns an. Nach 10 Minuten sind wir dran: „Wir möchten zur Briefwahl!" „Die ist gleich da vorne rechts!" Inzwischen ist auch die Menschenschlange von der Info angekommen und es staut sich erneut.

Die Schlange wird langsam kürzer, ich sehe schon den kleinen Tisch, wo eine schöne Wahlhelferin einer Omi das Wahlverfahren erklärt. Das dauert aber bei der! Naja, die Wählerin ist bestimmt schon 90. Dafür ist die Wahlhelferin sehr viel jünger. „Du musst bei den Damen auf den Hals schauen, dann erkennst du das wahre Alter" hat meine Liebste mal gesagt. Dieser Hals ist makellos und schneeweiß, wirklich schön! „Junger Mann, was ist, Sie sind dran! Ach, Sie kenne ich doch, Sie schreiben doch immer diese Verse in der Zeitung! Hoffentlich stehe ich da morgen nicht drin! Ha, ha, ha!" Den Witz habe ich wohl schon hundertmal gehört. Wirklich ein schöner, schlanker Hals...

Mir wird das Wahlverfahren erklärt. Ich bekomme drei riesige Zettel mit hundert Namen und mehr. „Sie haben drei Stimmen, Sie können einen ankreuzen oder auch drei Verschiedene, den weißen Zettel in den gelben Umschlag, den roten in den blauen, den gelben in den grünen". Mir wird schwindelig. „Dann packen Sie alles zusammen in den großen weißen und ab in die Urne" höre ich noch aus weiter Ferne. „Ach, beinahe hätte ich´s vergessen, Ihren Personalausweis bitte!"

Ich fasse in die Tasche meiner Jeans... nichts. „Den habe ich nicht mit!" „Tja, dann müssen Sie wohl nochmal los! Der Nächste bitte!" „Aber Sie kennen mich doch, persönlich bekannt, gibt´s das nicht?" „Vorschrift ist Vorschrift!" Ich starre auf ihren Hals, ein schöner schlanker Hals... Ich drücke zu...

Plötzlich die Stimme meiner Liebsten: „Schatz, wach auf! Du hast geträumt, wir müssen doch zur Briefwahl... und vergiss deinen Personalausweis nicht... und lass bitte meinen Hals los!"

auf ein Wort...

Tja, das war´s dann wieder mal. Danken möchte ich an dieser Stelle vor allem meiner Liebsten, die mich mit Ideen versorgt und die Technik erledigt hat. Dank auch dafür, dass sie meinen merkwürdigen Humor dabei ertragen hat.

Dank gilt aber auch Ihnen, dass sie meinen ganzen "Schwachsinn" überhaupt lesen. Für wen sollte ich sonst schreiben?

Und immer daran denken: Das Leben ist lebenswert!

Also... bis bald! ☺